고마운 역마살

고마운 역마살

김희선 수필선집

계간문예

작가의 말

선집을 내면서

하루하루가 똑같다 해도 의미는 매일매일 다르다.

하루 24시간 중 8시간은 자야만 생활의 리듬이 제대로 돌아간다. 삼시세 때를 챙기는 일도 번거로움이 있지만, 사람이 살아가는 에너지이고 먹는 즐거움이 있어야 일상에 보람이 생기는 일이다.

사람을 만나는 일,

누구와 어떤 대화를 나누느냐에 따라 각자의 개성과 가치관이 달라진다는 사실도 요즘 들어 절실하게 느끼고 있다. 어떤 생각으로 어느 곳에서 어디에 중요한 가치를 두게 될까, 이득을 향해 어떻게든 발 빠르게 움직이는 일도 결코 바람직한 일이 아니고 얄팍한 인성이 보이는 일이다.

서로에게 도움이 되는 아름다운 인연이 되기를 기대하며 노력하는 중이다. 1985년도에 쓰기 시작한 수필의 길, 생각해보니 고마운 분들이 바로 가까이 계신 여러분이시다. 감사하는 마음으로 추억을 더듬어 이 책을 엮어 봅니다.

2018년 1월 새로운 마음으로

김 희 선

■ 목차

1부

고마운 역마살

2부

들꽃 탐사

3부

어머니의 하늘

4부

저 푸른 초원 위에

1

고마운 역마살

고마운 역마살

여자에게 역마살이 끼어있다고 하면 바람직한 일은 아니지만 나는 이 말을 거부하거나 싫어하지 않는다. 오히려 내 것으로 끌어안으며 살고 싶다. 지금이라도 산 좋고 물 맑으며, 공기가 맑은 곳을 찾아 휘적휘적 다닐 수만 있다면 어떻게든 집을 나서고 싶다.

자연을 가까이 하고 바깥바람을 쏘이기 좋아하는 내가 요즘에는 외출은 커녕 한 달 간 병석에 눕게 되었다. 병실에서 주사액으로 연명을 하고 있을 때는 주사바늘만 빼내어도 날아갈 듯 개운하더니 하루 이틀 지나자 모두가 시큰둥하다. 퇴원을 하여 집에 오면 건강을 찾는가 했더니 몸은 천근의 무게를 달고 뒤척이기조차 힘겹다. 눕고 일어나는 일도 거들어주는 사람이 있어야 한다. 혼자서는 너무나 힘이 들어 무언가를 잡고 안간힘을 써야 일어날 수가 있다.

물 한 모금 마시고 싶을 때 시원한 물 한 컵 벌컥벌컥 마실 수 있다는 것이 얼마나 큰 축복인가를 마음깊이 새기게 되었고, 몸 가누기가 조금씩 수월해 지는데도 생각은 자꾸 비관적으로 기운다.

거울에 비친 내 모양새마저 머리는 까칠하여 한아름 들떠있다. 입술은 바싹 타들어가고 메마르고 창백하다. 아직도 6개월은 더 지내야 어느 정도 회복이 된다고 하니 이 상황에 발그레한 미소가 떠오를 리 없다. 하루 종일 멍청한 상태로 천장을 바라보며 생각에 몰두한다.

지금 이 나이에 아기자기한 사랑을 나누고 싶은 것은 더욱 아니다. 이제서 어떤 이상을 세워 꿈을 키우게 된다면 뒤늦은 감이 있다. 그렇다면 내 힘이 닿는 그 날까지 어떤 일을 해야 할까. 아무리 생각해도 모두가 아닌 듯하다. 내가 복에 겨워 이러지 나를 채근하여도 소용이 없다.

모처럼 책을 읽으려 하니 앉아있을 수가 없다. 몸이 불편하여 누워서 책장을 넘기다 보면 어느 새 잠이 들곤 한다. 이렇게 하는 일 없이 종일을 보내고 나면, 밤에는 수술부위의 통증으로 고통만 심해지고 시계소리는 더욱 큰 소리를 내며 온 방안을 구석구석 채우며 나를 향해 달려온다.

병상에 눕기 전에는 베개에 머리를 대기만 해도 잠이 들곤 하여 우리 아이들이 나에게 잠꾸러기라는 별명을 붙여줄 정도였다. 어느 때는 너무 피곤하여 며칠 간 잠이나 실컷 잤으면 하는 바람을 하던 때가 많았다. 몸이 건강하여 바삐 돌아가는 가운데 잠시 쉬어야 상쾌한 휴식이 되는 것이지 몸이 불편하여 누워 있으니 고역이 아닐 수 없다. 상쾌한 휴식을 모르는 상황에서 떠오르는 생각이라곤 죽어버리고 싶은 생각뿐이다. 희망이 없는 무료함과 암담함 속에서 서러운 날들이 지나간다.

그러던 어느 날, 섬광처럼 스치는 생각이 있었다. 역마살이다. 건강을 되찾는 그날 휘적휘적 다닐 수 있다는 생각을 하니 이제야 살맛이 난다. 활기를 찾은 것이다. 아직은 불편한 몸이지만 내일 아침이 기다려진다.

내일부터는 누구보다도 먼저 일어나 여유 있는 아침을 맞이해야겠다.

먼동이 터오는 동쪽하늘을 보면서, 모든 일에 감사하는 마음을 갖고, 음식을 대할 때에도 훌륭한 역마가 되기 위한 건강을 준비해 두기로 하자.

병원에 입원할 날짜를 정해놓고 제주도를 다녀온 것이 이렇게 큰 힘이 될 줄은 몰랐다. 모든 게 마지막이 될지도 모른다는 생각으로 여행을 갔었지만 제주도에서 바라보던 하늘은 파란 하늘 그대로였다. 내 가슴에 엉키어 있는 더러운 앙금까지 말끔히 씻어주는 맑은 하늘이었다. 하룻밤을 자고 나서 창밖을 내다보니 그 은은한 새벽공기는 고향의 들녘처럼 다정하다. 낯익은 화폭 속에 내가 들어가 있는 듯 감미로웠다. 들판에 내려있는 아침이슬과 안개에 젖어있는 풍경은 포근한 마음을 갖게 한다.

사람들은 자연의 웅대함 속에서 용기를 얻게 되고 자아를 찾아내는 맑은 눈을 갖게 된다. 나에게 자연을 가까이 할 수 있는 기회가 주어진다면 단풍이 만발한 가을 산을 보고 싶다. 그리하여 내 인생을 마무리 할 때가 되면 단풍만큼 아름답게 나를 마무리하고 싶다. 또한 겨울 산을 보게 된다면 흰 눈꽃 곱게 피는 겨울을 보고 싶다. 준엄하고 고고하게 사는 인생을 배우게 될 것이다.

어디든지 다니기 좋아하는 내가 내 몸의 일부분을 떼어내는 수술로 인해 집에만 있게 된 것이 측은하다는 친구의 말처럼 나에게 끼어있다는 역마살을 다시금 새겨보고 싶다.

앞으로 팔도강산을 어디까지 구경할지는 모를 일이다. 곳곳마다 좋은 곳이 너무 많으므로 발길을 따라 이곳저곳 다니는 것도 좋겠지만, 마음 속에 자리를 잡고 있는 역마살을 찾아내어, 다닐 수만 있다면 지금보다는 훨씬 아름다운 생활의 의미가 주어질 것이다.

투병생활로 힘든 나날이지만 내일의 희망이 있다면 참고 인내하며 사는 것이 바람직한 일이며, 인내의 끝에는 꼭 보람의 결실이 오리라 믿는다. 병상에서의 지루한 현실이지만 많은 생각 끝에 내 삶에 대한 생각을 하게 되었다. 어차피 인생이란 흐르는 세월을 타고 살아가야만 한다. 그 누가 이런 현실을 거부할 것인가. 역마살이라 해도 이것이 나에게 살아갈 수 있는 희망을 주고 있으니 참으로 고마운 역마살이라고 인정 할 일이다.

개성 가는 길

북쪽으로 가는 길은 늘 신기루 같다. 사상누각이라 해도 보고 싶은 것이다.

우리는 각자의 사진이 박히고 주민번호까지 박혀있는, 어른 손바닥 크기의 커다란 신분증을 목에 걸어야 북쪽 땅을 밟을 수 있다. 디지털카메라는 가지고 갈 수 있으나 필름이 들어있는 카메라는 아예 압수당하여, 입구에다 맡겨 놓고 들어가야 한다. 북쪽에서 관광을 마치고 나올 때는 디카의 장면, 장면을 철저하게 검사를 당해야 북쪽을 빠져나올 수 있다. 시간을 요하는 작업이기에 줄줄이 늘어서서 인내심을 가져야 한다. 북쪽에서 찍힌 장면들을 하나하나 빠짐없이 검사를 당하는 것도 분명 이유가 있을 것이다. 무언가 알려지면 자존심이 상하는 비밀이 많아서 그런가? 그 당시 개성 시내에서 우리를 바라보던 길거리의 많은 사람들은, 연일 계속되는 남쪽의 관광객을 보면서 어떤 마음이었을까? 북쪽사람들이 남쪽으로 관광여행을 온다면 어떤 일이 일어날 것인지.

남측이 아닌 북측에 자리잡은 개성공단은 함께 공존하는 마음으로 시작했건만. 우리는 하나의 민족이 아니었기에, 일순간 쫓겨 나오는 긴장까지 생기고 말았다.

고구려, 신라, 백제의 삼국시대는 물론, 발해, 고려, 조선의 후손이기에, '반갑습니다' 라는 말을 알아듣는 노래까지 함께 부르고 있지만, 조선기와의 곡선도, 선비들이 모였던 서원의 옛 모습까지도 그대로 남아있으며, 황진이의 글씨도 박연폭포 앞 바위에 새겨져 있고, 함께 한복을 입고 있어도, 사상과 이념이 완전하게 달라진 남쪽과 북쪽.

서로의 이념을 지키는 세월은 70년이 넘어간다. 생이별의 운명으로 헤어져 살아온 세월이 너무나 길다. 한 사나흘, 아니면 한 열흘, 아니 한 달, 그렇게 만날 날을 기대하면서 헤어진 사람들은, 가슴에 대못을 박는 그리움을 풀지도 못하고 세상을 떠나고 있다.

사촌 올케언니는 피난 나올 때, 친정언니만 피난길에 합세하지 못했다고 한다. 결혼 날짜가 며칠 뒤였기에 혼수 물품을 완전하게 준비해둔 상태. 그 시절 얼마나 귀한 살림살이였던가. 차마 두고 나오지 못해, 그냥 집에 남아 있겠다고 해서 잠시 헤어지기로 했다는데 영영 이별이 되고 말았다. 잠시만 남쪽으로 내려와 있다가 안정이 되면 가겠다고 했던 부모와 형제들. 더구나 재산이 많아서, 수모를 견디지 못하고 내려왔던 부르조아로 불리던 사람들. 이웃집에 살던 개성 아주머니도 6.25가 나기 이전에 커다란 선박이 여러 척이나 있었던 대단한 부자였기에, 견디기 힘들어 내려올 수밖에 없었다고 했다.

6 · 25 직전에 혈혈단신 홀로 내려왔던 젊은이들 중에 친척 형부가, 두 분이나 있다. 세월이 갈수록 친척이 너무 그리워 어렴풋이 보이는 그림자를 보려고, 몇 해 전, 중간업자에게 수천만 원을 주고, 강 건너에서 친

척 그림자를 보고 왔다고 한다. 누구인지 자세히 보이진 않았지만 그쪽에서 손을 흔들어 주었다고 한다. 그렇게라도 보고 싶었다는 사촌형부는 팔순이 넘었기에 며칠 전, 돌아가시고 말았다.

몇 해 전, 광화문에서 출발하는 개성행 관광버스가 새벽 5시 40분 출발을 했다. 남북의 소통이 그렇게 시작되는가 싶었다. 개성까지 한 시간도 안 되는 시간, 관광버스는 북쪽 입구에서부터 내렸다가는 다른 차로 갈아타기를 거듭하는 이유가 있었다. 누군가가 남쪽에서 북으로, 북쪽에서 남으로, 버스에 몸을 실어 내려올까 봐, 그런다고 했다. 삼엄한 경계 속에서 인쇄물이나 책은 절대로 가지고 가면 안 된다. 그리고 길거리를 디지털카메라로 찍거나 민간인을 찍으면 절대로 안 된다. 소통이란 단어를 철저하게 배제해야 된다. 다만 차창 밖에 있는 사람들에게 손은 흔들어도 된다고 했다.

2000년도 1월, 금강산 오고가는 길에선 손을 흔드는 일조차 금지했다. 서로가 외면하는 것이 그 당시의 처지였으며, 사람의 그림자가 없는 곳으로만 다녔다. 카메라나 비디오카메라 빼앗긴 사람도 부지기수였다. 금강산 관광호텔에 도착했을 때, 관광호텔을 찍는 순간에 북쪽사람이 갑자기 호텔창문에 나타났다. 묘한 챤스가 딱 맞아 우리 일행 중 고등학생애가 걸리고 말았다. 창문을 내다보고 있는 북쪽동포를 찍었다고 해서 카메라를 빼앗기고 말았다. 사람의 얼굴조차 구분이 안 될 정도로 작게 보였지만, 빼앗을 작정으로 계획한 일에 휘말릴 수밖에 없는 남쪽 사람들은 속수무책, 헐벗고 굶주린 동포에게 카메라를 넘겨주는 선심을 쓰면 되는 일이다. 창문에서 갑자기 사람이 나올 줄을 어떻게 안다는 말인가? 게다가 신새벽 모래사장에서 산책이라니, 출입금지 표지판을 확인하지 못하면, 총에 맞아 죽어도 어쩔 수 없는 일이다. 북쪽 지시사항은 가차없이 목숨을 걸어야 한다. 게다가 무조건 입을 조심해야 무사히 남쪽으로 귀가 할 수가 있다.

개성관광이 한창이었을 때는, 개성에 들어가는 우리 관광객의 숫자가 하루에 600명이 넘었다. 다시금 신청을 한다면 3개월을 기다릴 정도로 관광객이 밀려 있다고 했다. 상황변화가 있다고 해도, 북쪽의 이념과 사상은 요지부동 변함이 없다. 정말 어찌된 영문인지 어림짐작조차 안 되는 요즈음이다. 그리고 지금은, 북쪽으로 가는 관광은 모두 끝이 나고 말았다. 엉키고 매듭지고 끊어졌기에, 풀어낼 수 없는 실타래가 되고 말았다.

광장마다 나무를

서울역 앞 광장에 검푸른 나무숲이 들어서고 있다. 느티나무, 프라타나스, 은행나무, 가로수처럼 키가 큰 무궁화나무에선 여름 내내 분홍 꽃이 피어나고, 연분홍 진달래를 비롯하여 향기고운 라일락, 싸리나무, 대나무, 푸른 숲을 만드는 가지런한 쥐똥나무, 작은 연못들, 우리나라 사람들이 좋아하는 나무와 좀 더 넓은 시야를 갖춘 사람들이 권하는 나무가 심어진다. 국민 대다수가 좋아하는 형태의 정원이 역 광장 여기저기에 들어서기를 바라는 나는 어리석은 사람일지도 모른다.

하루를 보내는 일상생활이 쳇바퀴 돌리듯 무의미하게 지나갈 수도 있다. 그러나 좀 더 아름답게 살아가면서 후세에게 남겨줄 귀중한 재산이란 과연 어떤 것이 있을까? 모든 게 하루아침에 이루어지는 것은 없다. 건물을 짓는 것도 손가락은 꼽아야 되는 햇수가 걸리고, 나무를 심어 가꾸는 것은 10년이 훨씬 웃도는 세월이 흘러야 제 모습을 찾는 것이다.

우리에겐 5천년의 긴 역사가 있다. 고구려, 백제, 신라, 고려, 더구나 서울을 도읍지로 정한 지 6백년의 짧지 않은 역사가 있다. 그러나 눈을 들어 찾아보면 덧없이 흘러가버린 6백년의 역사에 걸맞는 나무가 과연 몇 그루가 남아 있을까. 학창시절 창덕궁에 가면 아름다운 숲과 우리역사가 담겨 있는 건축문화가 있기에 나름대로 자부심을 느끼곤 했다. 덧붙여 경복궁엘 가면 경회루 근처에서 무언가 휑하니 가슴으로 전해지는, 막연하고 허전하고 삭막한 찬바람을 느끼곤 했다. 왜 그런가는 요즘에 와서야 알게 되었다. 그곳엔 애초에 있어야 할 우리의 건물들이 일제강점기에 거의가 사라졌기 때문이고 나무들도 강제로 뽑혀지고, 그래서 잔디밭을 만들고, 궁 안에 어울리지 않는 몇 개의 탑까지 덩그렇게 세워져 있었던 것이다. 견디기 힘든 수난기가 우리에게 남겨준 것은 모든 게 제자리를 찾지 못하고 있었다. 이제라도 경복궁 복원사업이 진행되고 있기는 하다. 그러나 다시 되찾기가 결코 쉽지는 않다.

또 하나 기차여행을 하면서 느낀 것이다. 기차에서 내렸을 때, 역 앞 광장에 들어서면 삭막한 느낌이 든다. 기차역 앞 광장에는 아스팔트 벌판이 있어야만 광장 구실을 제대로 하는 것이다. 밤낮으로 사람들이 붐비는 곳에 나무를 굳이 심어야 하느냐고 무언가 반론이 있을 수 있다. 그러나 지금은 예전과 많이 다르다. 명절이면 국민 대이동이라는 단어가 있으나, 이제는 컴퓨터 예약이 있고 전산처리가 가능한 시대이다. 옛날처럼 줄줄이 늘어서서 기차표를 사느라 밤샘하는 일도 없어졌다. 광장을 가득 메운 군중들을 정리하느라 방망이를 휘두르는 경찰의 모습도 사라진지 오래이다.

뙤약볕 내리쬐는 한여름 불볕더위가 기승을 부릴 때 아스팔트 벌판 위를 걸어보라! 어떤 기분이 드는가? 나무가 크게 자라 그늘이 있는 곳을 여유롭게 걸을 수 있다면 얼마나 바람직한 일인가. 시내 곳곳에는 이미 쉼터가 있고, 큰 건물과 어우러진 조경공사의 아름다움을 우리는 이미 알고 있다. 해외여행을 다녀온 친구의 말이 그곳은 한여름에도 뙤약볕을 그대로 받는 게 아니라 나무그늘과 그늘사이에서 지낼 수 있어 더욱 좋았다고 한다.

물론 철도청에서 세울 예산이 따로 있고, 나라에서, 시에서 세울 예산이 따로 있지만 긴 안목으로 본다면 우리 모두의 재산이다. 나무를 심고 가꾸는 것이 어떤 소수의 사람 취향에 따라 이루어져서는 안 된다. 나무를 송두리째 뽑아 이리저리 옮겨 심고, 나무 자체를 사정없이 자르기 전에 이 나무가 왜 여기에 있었던가를 생각해 주고 계획을 철저하게 세웠으면 좋겠다.

기차역마다 사시사철 나무들을 볼 수 있고 나무그늘 아래에서 기다림의 시간을 갖고 싶다. 한겨울 눈꽃송이 날리는 날은 나뭇가지마다 하얀 눈꽃이 피고, 가을이면 오색의 아름다운 단풍이 들고, 여름엔 시원하게 내리는 장마 비에 말끔하게 반짝이는 나뭇가지와 잎사귀들,

그리하여 서울, 대전, 대구, 부산, 광주, 목포, 여수, 강릉, 원주 기차역마다 아름다움이 들어서기를 바란다. 이제 우리 모두의 가슴에 숨통이 트이는 시원함이 있으면 좋겠다. 기차역 광장에 싱싱한 숲이 들어서고 있는 꿈을 꾸고 있다.

국립현충원

'여기는 민족의 얼이 서린 곳

조국과 함께 영원히 가는 이들

해와 달이 이 언덕을 보호하리라'

이은상 지음, 박정희 대통령 글씨, 글자 하나하나에 힘이 있는 일필휘지의 명필이요, 읽을수록 정다운 글귀는 절절이 가슴을 울린다.

이곳에 오면 변함없이 눈시울이 젖어들고 안타까운 마음에 숙연함을 감출 수 없다. 동작동 국립묘지, 이제는 국립현충원이라 부른다. 하늘과 땅 그리고 인간에 대한 감사의 마음으로 세 번의 분향을 한다.

역사 이래 전쟁의 소용돌이가 많았던 우리. 동족끼리의 전쟁인 육이오의 비극은 많은 사람을 죽음으로 몰고 갔다. 바람 앞의 등불인양 사람이 죽어야 했다. 이념이 달라 서로에게 총을 겨누던 민족의 비극.

1950년 6월 25일, 우리는 장갑차 한 대도 없이 속수무책 당해야 했다.

전우의 시체를 넘고 넘어, 남한 전체가 시체로 즐비하던 전쟁이다.

이슬로 사라진 목숨이 300만이 넘는다. 이름도 없이 무명용사로 스러져 간 아까운 생명, 철사줄로 꽁꽁 묶여 살아있는 목숨들은 북으로 북으로 잡혀갔다.

내 나라를 위하여 목숨을 바친 젊고도 어린 학도병도 있다. 뜨거운 피를 흘리며 떠나신 조국의 아들이시여, 가슴을 도려내는 아픔을 참으며 부모 형제를 뒤로 하고 오직 이 나라를 위해 기꺼이 몸을 바친 어린 무명용사의 목숨들이여! 총칼이 없어 나무막대로 만든 총을 겨누며 가담했던 전쟁. 아직도 시신을 찾지 못해 십만 삼천(103,000여 명)의 용사들은 국립현충원 지하 묘소에 이름 석자만 촘촘히 새겨두고 계십니다. 그나마 시신이 함께 계신 분은 54,000의 용사들만 모셨으니, 그날의 비극을 되새기며 살아야 할 우리의 현실.

역사를 제대로 알고, 간직하는 것이 우리가 해야 할 일인데, 요즘은 제각기 따로따로, 각자가 편한대로, 편 가르기를 즐기고 있다. 육이오가 북침이라는 말까지 서슴치 않는 대학교수들도 있으니! 이게 어찌된 일인가.

꿈결에도 반겨주기

1950년대, 내가 초등생이던 시절부터 우리 집에 자주 놀러왔던 큰언니의 친구가 있다. 중학교부터 고등학교, 대학까지 큰언니와 함께 했던 경분언니는 결혼을 하고는 미국으로 건너갔다. 언니의 남편도 물론 한국 사람이다. 그리고 몇 해 전에 한국에서 책을 내고 싶다고 해서, 나에게 시를 보내오고, 내가 주선을 하여 한글과 영어로 된 시집을 냈으며, 미국에서 출판기념식도 했다. 내가 문인 모임에서 잠깐 뉴욕에 들렀을 때에도, 시집을 내게 되어 오히려 고맙다고 나한테 선물까지 챙겨주던 언니. 더불어 한국인 친구까지도 나를 통하여 시집을 냈었다. 그만큼 우리나라를 그리워하는 언니이다.

정말 오랜만에 한국에 온 경분언니! 아이들 키우느라 40여 년이 훌쩍 지난 세월. 70세가 넘은 큰언니의 친구들은 여럿이 만나서 회포를 푸느라, 설악산이다, 여행이다, 쇼핑이다, 즐겁게 다니고 있었다. 경분언니가 묵고 있는 곳이 시청 앞, 롯데호텔이니까, 친구들과 호텔 로비에서 만나

동대문 시장에 가기로 하고, 을지로입구에서 지하철을 탔다고 한다.

"얘 오늘은 우리가 가이드 노릇 철저하게 해 줄게, 우리 나이가 칠십을 넘었으니 지하철도 공짜란다. 어느새 이렇게 늙어 버렸다니까 호호호……."

여럿이 함께 모인 큰언니 친구들은 소리내어 웃으면서 계단을 내려가 지하철을 기다리고 있을 때라고 한다. 경분언니가 칠십을 넘긴 나이임에도 생머리에 단발머리가 젊어 보여서 그랬을까? 우리나라의 할머니처럼 바글바글 퍼머머리가 아니라서 이상했을까? 아니면 무임승차해서 웃고 있는 줄 알았을까? 제복을 받쳐입은 젊은이가 다가오더니 주민증을 내놓으라고. 대신 여권을 보여주니까 외국인은 안 된다며 3만원의 벌금을 내라고 으름장을 놓는다. 낯선 외국에서는 간단한 법이라 해도 철저히 지켜야 하기에, 피곤할 정도로 정신을 똑바로 차려야 하는 교포생활이 얼마나 힘든 일인가. 가슴이 벌벌 떨리고 손이 떨려 돈을 찾아보니 달러가 있었단다. 3만원 상당의 달러를 벌금으로 냈다고 한다.

큰언니네 딸이, 을지로 입구 지하철 사무실에다 대고 항의를 했더니 그렇게 벌어들이는 돈이 한 달에 백만 원이 넘는데 무슨 소리냐며 오히려 큰소리를 쳤다고 한다. 내가 생각해도 맞는 말이긴 하다. 돈을 벌겠다는데 내가 왜 막아야 하는가.

젊어 보인다는 이유로 70세가 넘어 팔십을 바라보는 언니에게, 3만원과 함께 구질구질한 수모를 안겨준 것이다. 그리운 조국을 잊지 못하여, 40여 년을 기다리며 살아온 동포에게 정말 이런 대접뿐인가? 다양한 인종이 모여 사는 낯선 타국에서 태극기만 보아도 가슴이 찡하고 눈시울 젖어드는 그 뜨거운 마음에 격려는 못하면서, 어설픈 잣대로 칼금을 긋는다. 우리민족이 아니라고 단정을 짓고, 외국국적이라고 차별하며 잘라

내는 일이다. 1,000원 대신에 조국사랑 따스하게 심는 일은 절대 못하겠다는 지하철의 인심. 꿈길에서조차 베갯머리 적시는 그리운 고향, 언제쯤 찾아갈까 가슴 설레며 손꼽아 그리워했던 대한민국. 40년이 넘어서야 발걸음도 즐겁게 찾아왔다가 푸대접을 받은 일이다.

내가 살던 고향에 찾아 갔더니 타향에서 살아왔다고 통행세를 받겠다는 일이다. 물론 외국에서 살면서 그 나라의 시민권을 갖고, 세금을 내면서 살아왔다고 해서, 해외 동포에게 그따위 대접이나 하는 것이 어엿한 법이라면 어쩔 수 없는 일이지만, 같이 웃고 떠들던 친구들은 또 얼마나 황당했을까.

지하철표 파는 곳마다 "외국인이나 해외동포는 경로우대 할 수 없으니 지하철표를 꼭 준비하시오" 라고 눈에 띄게 글을 써 놓든지!

지하철 승하차 값, 단돈 1,000원이라도 적선하고 가라면 할 말은 없다. 그렇게 따지면 동포는 미국인이니까 완전하게 미국사람 대접을 하든지. 동포한테는 기부금도 절대로 받지 말든지……. 대한민국에서 태어났으며, 코흘리개 어린 시절과 젊음의 시절까지 지내온 사람에게 꼭 그렇게 벌금을 받아야만 했을까? 한글로 시집까지 냈고 한국말이 능통한 고향사람인데.

우리 동네 지하철에서는 일본인 노인들이 무임승차 지하철표를 이용하는 일, 수시로 많건만. 아시아 노인을 보고 일일이 구별할 것인지? 내가 알고 있는 또 다른 동포는, 한국에 오면 운전면허증을 다시금 받아둔다고 한다. 잠시 왔다가 가야할 경우는 그것도 불가능한 일이겠지만. 일본인 노인들이 지하철 할인혜택을 받고 즐거워하는 모습을 오늘도 분명하게 보았다.

몇 해 전, 일본 디즈니랜드에서 입장료 할인혜택을 받았다. 나는 그 나라에 세금을 낸 일도 전혀 없는 사람이다. 게다가 일본말은 한 마디도 할 줄 모르는 한국 사람이다. 그런데도 60세가 넘었다는 여권만 확인하고는 할인혜택을 주는 것이다. 외국인에게 경로우대를 해주는 여유는 무엇일까? 오늘도 우리 동네 학동 역에서 일본인들이 경로우대 표를 꺼내며 즐거워하는 모습을 보았다.

어떤 설명이 더 필요할까?

나름 살맛나는 사람들

남을 괴롭혀야만 살맛나는 인간들은, 교묘한 술수로 머리가 빠르게 돌아간다. 말을 잘 하는 것은 기본이다. 입만 열면 기름을 바른 듯, 반질반질 사탕발림에 청산유수로 솔깃하게 한다. 듣는 사람이 정신을 바짝 차려야 한다.

게다가 가장 가까운 가족을 사랑할 줄 모르는 가장도 있다. 순박한 아내가 고스란히 당하고는 정신은 병들어 간다. 요즘은 뒤바뀌어 젊은 남자들이 아내에게 꼼짝도 못하는 세상이 되었다. 착하거나 선한 사람이 당하기 마련이다. 문제가 있는 인간은, 남들 앞에서 자기가 가장 똑똑하다고 생각한다. 혼자만 똑똑하여, 힘이 세다고 믿는 것이 문제다. 약자 앞에서 힘자랑 하는 인간들은, 집안에서 군림하고 항상 우월하다고 믿는다. 사람의 머리 위에서 특권을 누려야 직성이 편하다. 조금이라도 비위에 거슬리면 고래고래 소리를 지르며 분노를 뿜어낸다. 요즘은 남자가 아닌 젊은 여인네들이, 그옛날, 못된 가장의 흉내를 내고 있다는 소문이다.

아이를 죽이는 계모이야기. 말솜씨 부리며 남편을 자기편으로 만드느라 전실 아이들을 모함했을 것이다. 남편은 아이들의 심리를 전혀 모르는 어리석음이 있다. 또한 요즘의 젊은 여인들은 남편과 시댁과의 사이를 맘껏 벌리며 이간질 하는 며느리까지 수두룩하다. 악의 탈을 쓴 이리떼가 득실거리는지도 모를 일이다. 결혼의 문화는 무너지고 있다. 부모의 사랑은 어릴 때부터 받아보면 쉬운 일이지만, 받아보지 못하고 화합하려는 마음이 없다면 결과는 뻔하다.

두 개의 문이라는 TV프로에서 악연으로 살고 있는 식구들을 보았다. 30이 넘은 아들을 몽둥이로 패는 아비의 눈썰미가 어찌나 매서운지 섬뜩하다. 날카롭고 파쇼적인 가장이 있어 집안 분위기는 늘 살벌하다. 큰아들은 아예 집을 나가버리고, 엄마는 가장의 눈치만 살피느라 눈물바람이다. 작은 아들은 우울증에 분노가 겹쳐 몹시 괴롭다. 어릴 때부터 아비의 매질에 주눅이 들어 여전히 지옥이다. 매는 때릴수록 늘어난다고 한다. 악의 뿌리는 티눈의 뿌리처럼 빼내기도 힘들고 질기다. 아비는 효자손, 구두주걱, 손에 잡히는 물건으로 하루도 거르지 않고 아들을 마구 타작한다. 매일같이 하루의 일과처럼 계속되는 매질. 아비의 분풀이 대상은 30세가 넘은 뚱뚱한 아들이다. 비극의 씨앗은 아비의 어린 시절에 있었다. 계모의 구박과 함께 매질을 일삼던 그의 그옛날 아비가 또 있었다. 악순환이 뿌리를 내려 대물림이 된 셈이다. 어릴 때부터 칭찬 한마디 없이 매질만 연속되었다고 한다. 식구들이 공포에 떨고 있어야 삶의 보람을 느끼는 가장이다. 역시 무서운 대물림이다.

사람의 간사함은 하늘 높은 줄 모른다. 판단능력이 없는 행동은 무서운 게 없다. 데모를 할 때도, 비슷한 또래에게 화염병을 던지는 것도 비슷한 일이다. 그건 사람이 아니라 자기들이 증오하는 이념이라는 굴레를

씌우며 인간들이 역시 인간을 무시한다. 심지어 화염병을 던지는 것은 죄도 아니라고, 못을 박아 머리에 집어넣는 무서운 이념.

사람이 아니라 이념이므로 없애도 괜찮고, 죽여도 된다고 교육받는다는 이념의 대상. 대한민국에 살고 있는 젊은이들은 모두가 귀한 대한민국의 아들이 아니던가. 전투경찰은 병역의무를 준수하느라 빼내지 못할 뿐이다. 뜨거운 여름에도 뙤약볕 아래 그대로 서 있어야 한다. 집회가 일어나 혼돈의 시간이 길어질수록 어쩔 수가 없다. 내 아들이 전투경찰로 갈까봐 가슴을 졸이던 때가 있었다. 하루 종일 서 있다가 주저앉기도 한다. 앉아서 졸고 있는 전경의 잔등에 손바닥만한 가래침이 들러붙어 있는 사진을 보았다. 화염병에 맞아 아랫도리에 불이 붙어 성불구자가 된 전경도 있다. 무엇이 이토록 증오를 부추기는가.

우리 집 가까이에서 집회가 열리곤 한다. 대형 스피커마다 이용료가 몇 백만 원이라 하던데 주택을 향한 여러 개의 확성기는 우렁찬 연설과 합창의 노래 소리가 계속된다. 밤을 꼴딱 새우며 떠들어댄다. 옛날엔 안면방해죄가 있었는데, 요즘은 없다. 밤 10시가 넘으면 소리가 더욱 커진다. 궁금해서 현장에 가 보았더니 '자본주의는 어쩌구 저쩌구' 라는 단어만 들릴 뿐이다. 우리나라가 자본주의라 안 된다? 자본주의의 모순이 이렇다? 그런 낱말이 넘치고 하늘을 향해 힘차게 주먹질을 한다. 한쪽 자동차 길을 막아놓고 그득하게 앉아있는 청춘들. 세워놓은 차량들의 번호판이 전국적이다. '청소는 아무나 하나' 노래자랑까지 한창이다. 자기네들끼리 나름 재미있게 웃는다.

너무 시끄러우니 스피커 방향이라도 돌려 달라고 했더니, 나를 보고 하는 말, 시끄러우면 경찰에 신고하라고 부추긴다. '나에게 지금 숙제를 내 주느냐' 소리를 지르다보니 건너편에 경찰 옷을 입은 높은 분들이 보인다. 그러니 무슨 소용이 있나. 항의하는 내가 이들의 목적을 도와주는 꼴이다.

더운 여름, 문을 꼭꼭 닫아도 소리는 그대로 들린다. 밤새도록 안하무인 악연을 만난 셈이다. 솜으로, 휴지로, 귀를 틀어막아도 여전히 들린다. 낮에는 내가 어딘가로 외출을 하면 되지만, 밤 10시부터 아침 8시까지 떠들어대니 방법이 없다. 법은 어디에서 잠자고 있는지, 대단한 비호세력이 있기에 든든한 보호를 받는 모양이다. 잠도 못자고 분노하는 나를, 누가 보호해 줄 것인가! 참으로 허망하다.

나리꽃과 석잠풀

사람이 가꾸지 않아도 그대로 피어나는 꽃. 시원한 바람과 햇살을 반기며, 웅덩이 축축한 곳에서 어쩜 그렇게도 예쁜 꽃들이 피어 있을까. 내가 이곳 모임(한국식물연구회)에 다니기 시작한 지 벌써 4년이 넘는다. 한창 즐기던 등산모임은 숨이 차서 따라가지도 못하고, 자연을 좋아하는 마음 가눌 길 없어 여기 들꽃모임에 다니고 있다.

사람의 발길이 닿지 않는 곳에선 더욱 선명하고 영롱한 꽃들이 피어 있다. 나리꽃도 그냥 모두가 나리꽃인 줄 알았지만 알고 보니 종류도 여러 가지이다.

하늘을 바라보고 얼굴을 반짝 들어 꼿꼿하게 피어있는 하늘나리, 줄기 끝 여린 꽃대들이 땅을 향하여 피어나는 작은 꽃송이 땅나리, 줄기에 달린 잎새마다 흑진주(주아, 비늘눈, 구슬눈)를 줄줄이 달고 있으며 꽃송이도 제법 큰 참나리, 까만 열매는 없으면서도 참나리를 많이 닮은 중나리, 잎새가 돌려나기로 있는 말나리 등등, 이 정도로 여러 종류가 있다는 것을 알게 되었다.

오늘은 차가 다니는 길 옆 언덕진 곳에 중나리가 여러 그루 피어 있다. 참나리와 거의 같은 모양이지만 까만 열매 주아가 없다. 중나리는 뿌리로 번식을 하는데 뿌리가 내려가다가 갑자기 옆쪽으로, 수평으로 멀리 뻗어감으로 번식에 도움을 준다는 것이다. 멧돼지나 짐승들이 쉽게 찾지 못하게 수평으로 멀리 숨겨둔 뿌리가 있어 다행이다.

오늘, 7월 24일은 네 번째 일요일, 도시락을 준비하고 더운 날씨를 감안하여 마실 물도 꽁꽁 얼려 준비한 날이다. 연이어 계속 나들이의 연속이지만 차안에서 잠깐씩 졸다보면 피곤함도 가시고 이제는 건강도 좋아진 편이라 자부하면서 다닌다. 그래도 건강에 자신이 없으니 먹을거리를 철저히 준비해야 한다. 참외도 깎아서 먹기 좋게 자른 것을 두 통이나 준비한다. 오전과 오후에 먹을거리이다. 오후에는 혈당이 떨어지면 후들후들 떨리며 기운이 떨어질까 걱정되어 과자도 준비한다. 도시락 반찬도 넉넉하게 싸고 있지만 무게가 많이 나가니 어깨가 휘어질 듯 힘이 든다. 무거우면 숨이 차서 걷기에 고통이다. 나누어 거들어 주십사 부탁을 할 때도 있으니 참으로 면구스럽다. 그러나 점심시간에 함께 나눌 수 있어 그나마 다행이다. 내꺼만 준비하면 어쩐지 야박한 것 같아 조금이라도 더 준비하다 보니 무거운 편이다.

오늘은 비가 내릴 듯 잔뜩 흐린 날이다. 우산도 대형 우산에 우비까지 준비했다. 물기가 스며들지 않게 등산화를 신었더니 신발 무게가 또한 부담스럽고, 나막신처럼 뻣뻣하여 무척 불편하다. 그러나 예쁜 꽃을 보려면 이 정도의 불편쯤은 참아야 한다. 다른 분들은 내 나이보다 어른이건만 카메라도 대형이다. 나는 가장 가볍다는 디카 수준이다.

오대산 자생 식물원,

전나무 윗가지에 검회색빛과 연한 연두빛으로 소복소복 열매를 달고 있는 모습이 귀엽다. 오르는 길목에 산수국이 남보라 빛으로 산뜻하게 피어있어 모두가 카메라를 들이대는 시간이다. 꿀벌들의 놀이터인가 보다. 토종벌들이 웽웽 한창이다. 식물원 안으로 들어가니 언덕배기에 가득히 피어있는 자생식물들, 향기로움에 감탄을 하며 코를 벌름거리게 된다. 향기가 기가 막히게 근사하다. 어디선가 소나기가 몰려오는지 시원한 바람과 함께 번개 치는 소리가 가까워진다. 평평한 바위에 걸터앉아 과자를 먹어야 한다. 시간을 보니 점심때가 가까워 그런가보다. 과자 몇 개 먹었을 뿐인데 정신이 난다. 희귀종 꽃과 식물을 연구하는 곳, 체력이 딸려 두루두루 구경을 못해 아쉬운 발걸음이다. 대신 예쁜 글과 그림이 그려져 있는 풀꽃 그림책을 샀다.

일행이 모두 모이니 세찬 빗줄기가 숲속을 적신다. 친절한 기사 분께서 좁은 길인데도 우리를 모시러 건물 앞 가까운 곳까지 버스를 몰고 올라오신다. 배려하는 친절과 서로를 존중하는 아름다움이다. 다니다 보면 참으로 가관인 기사들, 불친절은 당연하고, 목에 깁스까지 해대는 꼴불견도 부지기수인 세상에 오늘의 기사분은 참으로 고운 양반이다. 세차게 내리던 빗줄기도 잦아들고, 대관령 가는 길로 조심조심 내려온다.

서로가 배려하며 순서대로 사진을 찍는 즐거운 시간, 오늘 처음 보는 꽃은 '석잠풀' 이다. 자동차가 쌩쌩 속력으로 달리는 길 옆, 고랑처럼 약간 낮은 곳엔 물이 흐르진 않아도 축축하게 물기가 있고, 여러 가지 잡풀이 우거져 있어 그냥 지나치면 아무것도 아닌듯한 그런 곳에 예쁘게 무리지어 있는 보라색 꽃무리. 이리 찍고 저리 찍고 한참 들이대다가 초점이 맞으면 나도 제법 실력가인 듯 기분 좋은 사진을 갖게 된다. 그저 지나치면 아무것도 아닌 풀 더미로 보였을 그런 곳에 피어있는 석잠풀.

건너편 당근 밭을 끼고 길을 따라가는 회원들, 나는 체력이 딸려 그만 주저앉아 기다리기로 한다. 그러다 깜박 조는 것이 나의 특기이다. 대관령 양떼 목장 가는 길 이정표가 보인다. 비가 잠시 멈추더니 물안개가 자욱하게 밀려온다. 가까이 있었던 푸른 산이 뿌연 안개 속으로 숨바꼭질하듯 숨어버린다. 안개가 산을 모두 감추어 버린다. 독미나리 보호지역이라는 표지판이 보인다. 길가에 쪼그리고 앉아서 잠을 자면서도 여전히 따라다니고 있는 나의 발걸음도 대단하기는 하다.

참새와 함께 살고 싶다

된장을 뜨러 가거나 화초에 물을 주려고, 무심코 옥상에 오르다 보면, 참새 한 마리가 순간 날아가 버린다. 도망치듯 날아간 참새는 내 마음을 전혀 모른다. 참새를 놀라게 한 것이 미안하고, 재빠르게 날아간 참새가 서운하여 볼일을 급히 보고는 얼른 되돌아 내려오곤 한다. 내가 옥상에 올라간 것이 참새를 놀라게 한 것이다.

2001년, 이 집에 처음 이사 왔을 때만 해도 아침마다 옆집에서 참새 떼 지저귀는 소리에 잠을 깨곤 했건만, 이제는 참새 한 마리 구경하기도 힘든 세상이 되어버렸다. 집집마다 예쁜 정원하며 잘 가꾼 잔디밭이 돋보이는 여유롭고 준수한 모양의 집. 예쁜 정원이며 멋진 집들도 지금은 거의 없어졌다.

골목길에 한복치마를 길게 펼친 듯한 크기의 좁다란 땅이 있었다. 땅속의 훈김이 겨우 통하는 흙이 보이는 땅에, 잡초도 없이 청남빛 달개비꽃이 그득하게 피어 있었다. 일부러 가꾼다 해도 따를 수 없는 일이다.

공기 좋은 냇가도 아닌 자동차 매연이 넘치는 곳에, 달개비 꽃물결이 있다니! 신비한 기분으로 구경삼아 지나가곤 했었다. 그집 주인은 그냥 흔한 잡초로 보였을까? 어느 날 몽땅 뽑아버리더니 시멘트로 싹 밀봉을 한 다음, 초록색 페인트로 칠까지 했다. 생명에 대한 배려도 없이 꼭 저렇게 만들어야 깔끔하단 말인가?

내가 이곳에 이사 오기 전, 우리집 터에도, 25년 동안 그냥 빈터로 두고 있었다. 이 동네 누군가가 텃밭으로 이용하고 있어 그러려니 했었다. 봄이 오기 전, 씨앗을 뿌리기 전에 미리 집을 짓겠다고 했더니. 배상을 받겠다고 하는 인면수심人面獸心이 있었다. 일반적인 도리에 어긋나는 일인데도 아무렇지 않게 덤비는 여인이다. 10년 이상 텃밭을 가꾸면 자기의 땅이 되어 땅임자가 되는 법도 있다고 하니 믿을 수 없는 일이다. 남의 땅을 그냥 꿀꺽 삼키고 싶었을까?

몇 년 전, 뒷집에선 우리집 축대 밑을 아무 대책도 없이 마구 파헤치며 집을 짓기 시작한다. 책임자를 불러 말을 하니 입에 담지도 못할 '씨발조발' 욕을 하면서, 만일 우리집이 무너지면 자기가 우리집을 새로 지어주면 될 것 아니냐고 막무가내로 덤비는 폼이 싸우려는 저질이다. 일반적인 상식이라면, 우리집이 무너지지 않도록 기둥을 박고 지지대를 세워가며 파내려 가는 일이 정해진 순서였는데도, '무식하면 용감하다더니' 모든 책임을 지고 대신 집을 지어주겠다는 억지의 망발과 입에 담지도 못할 저질의 욕을 마구 해대고 있었다. 우리 남편이 건축사였기에 집이 무너지는 일을 막아낸 결과이다. '목청이 커야 큰소리치고 이긴다' 는 묘한 심리가 기승을 부리는 꼴이다. 그래도 도리에 어긋나는 일은 도태되기 마련이다. 남의 땅에서 마음껏 텃밭을 누렸다면 사용료를 내야 할 일이고, 뒷집의 막말 기술자는 결국 그 주인에게도 저속한 욕을 퍼부으며 집을 짓다가 말고 물러났다고 한다.

곤파스 태풍 때에는 화분 모두가 한쪽으로 깨끗하게 밀려갔었다. 누군가가 빗자루로 쓸어 모으듯 깨진 화분까지도 깔끔하게 밀어두었다. 2012년 올해도 볼라벤 태풍이 온다하여 화초를 담벽으로 바짝 붙이고 무거운 화분으로 꼭꼭 쟁여 두었더니 무사하게 지나갔다. 지붕만큼 큰 나무가 화분과 함께 쓰러지긴 했지만, 약하게 지나간 것은 중부지방에서 조금 약해진 덕분이라고 한다. 태풍의 위력은 길가에 키 큰 나무들도 뿌리째 뽑히거나 부러뜨리곤 한다. 태풍은 감당하기 어려운 존재이다. 집이 홀딱 날아가기도 하고, 넓은 들판에 벼이삭마저 쭉정이로 만들었으니 농부의 마음처럼 우리도 함께 가슴이 허망하다.

내일 쯤, 화초를 제 자리에 옮겨야겠다. 조리풀이나 강아지풀 등, 열매를 먹으러 오는 참새를 위하여 배려해 주어야겠다. 언뜻 보아도 참새가 너무 마르고, 홀로 다니는 것이 고독해 보이기 때문이다. 그리고 옥상에 있는 집 추녀에서 참새가 살 수 있도록 하거나 새집을 달아 주는 배려가 필요할 것이다. 참새는 우리와 함께 살아온 텃새가 분명하다.

참새가 귀한 것은 기와지붕이 아닌 시멘트 슬라브지붕 때문이다. 오래전, 버스정류장 옆에서 집을 잃은 참새들이 가로수 나무 가지에 수백 여 마리가 그득하게 모여 있는 것도 보았다. 지금은 그 참새들도 보이지 않는다. 참새는 물론 이제는 제비조차 구경하기 힘든 환경이 되고 말았다. 자동차 매연 가득한 서울이긴 해도, 정말 모른 체 해도 되는 일인지 생각을 해봐야겠다.

듣고 싶은 소리

해가 저무는 시각에 깊은 산 속에서 정적을 깨며 들려오는 사찰의 북소리를 들은 적이 있었다. 일상적인 번뇌를 씻어주고 선뜻 털어버리지 못해 사라지지 못하는 온갖 번뇌와 어지러움을 말끔히 잊게 해주는 북소리가 그립다.

이른 새벽 먼동이 트기 시작하는 산길에서 듣게 되는 새소리의 오묘함이 사람의 귀를 활짝 열어준다. 마치 은쟁반에 옥구슬이 구르듯 도르릉 도르릉 곱디고운 새소리가 노고단 오르는 아침 산길 따라 사람의 마음을 가볍게 이끌어 준다. 전생에 어떤 인연이 있었음에 이른 새벽길 현세에서 처음 만나게 되었다고 반갑다는 소리 같아서 신비한 생각마저 들었다.

돌돌돌 크고 작은 돌을 어루고 휘감으며 흐르는 개울물 소리도 즐거운 소리의 하나가 된다. 깊은 산 어디쯤에서 샘의 근원이 시작되는지 샘물은 골짜기 따라 소리 없이 흐르다가 한데 어울리면 굽이쳐 흐르느라 소리가 커진다. 시냇물이 흐르다가 계곡을 만날 때는 곤두박질치며 아래로 내려간다. 아주 작은 모래알들은 정갈한 빛깔로 잔잔히 흐르는 물속에 잠겨 있고 맑은 물에 손을 담그면 차가우면서도 따스한 촉감이 있어 정다운 마음을 일깨워 주는 부드러움이 있다. 자연의 속살 깊은 곳에서 흐르는 샘물과 냇물에도 따스한 체온이 있으니, 시냇가 냇물 흐르는 소리에도 이야기의 뜻이 담겨 있다.

봄이 오는 길목에서 들려오는 뻐꾸기 소리는 무더운 여름이 시작될 무렵까지 아련한 그리움으로 들려온다. 아카시아가 흐드러지게 벙글고 온 산이 향기로 가득할 때 뻐꾸기 소리를 들으면 가슴 한쪽이 텅 비어 알쏭달쏭 허전한 소리가 내 마음을 한껏 흔들어 놓는다. 내 발걸음이 산등성이를 오르는 것을 아는지 뻐꾸기는 나를 따라 산길을 따라온다. 뻐꾸기에 대하여 쓸쓸한 느낌을 버리고, 알에서부터 죄를 짓고 태어나는 뻐꾸기소리를 단순하게 아름답다는 생각으로 소리를 들으면 더없이 경쾌하다. 뻐꾸기 소리가 좋아서 벽에 걸어두고 있는 시계는 하루에 스물 네 번씩이나 울어준다. 정각이 되면 어김없이 작은 새가 문을 활짝 열고 나와 박자 맞추어 뻐꾸기 소리를 내는 것이다. 우리 집 벽에다 뻐꾸기 한 마리 키우고 있는 셈이다.

그리움의 소리가 또 있다. 시원한 기와지붕과 앞마당이 훤히 보이는 널따란 대청마루에서 한 여름에 들려오는 다듬이 소리이다. 바쁠 것 없는 하루의 일과가 되어 평화로운 다듬이 소리가 들려온다. 정다운 시어머니와 온화한 성품의 며느리가 마주앉아 다듬이 가락에 심취되어 두드리는 소리이다. 다듬이 소리는 여름에는 더위를 식혀주는 시원한 소리가 되고, 겨울에는 차가운 달빛 속에서도 겨울대로의 푸근함이 있다. 따스한 아랫목 솜이불 속에서 들어보는 다듬이 소리가 아늑함으로 들려오던 학창시절이 있었다. 흰 눈 내리는 긴긴 밤 깊어갈수록 홍두깨에 명주 비단 골골이 색 맞추어 명절옷감 준비하느라 다듬이질 소리가 들려 왔었다.

고향을 떠나 낯선 타향에서 듣게 되는 다듬이 소리가 있었다. 아기를 업어 재우느라 골목길을 걷고 있을 때, 이웃집 완자 창문에 비추이는 엷은 불빛을 바라보니 그리움과 소외감이 한데 어울려 더욱 쓸쓸하게 들려오고 있었다. 고향을 떠나 그리움에 젖어 있을 때, 다듬이 소리는 내 마음에 안타까움을 불러일으켰다. 다듬이 소리를 들으며 어머니가 한층 더 그리워져서 눈물을 적시곤 했었다.

봄이 오는 들녘에 아지랑이 피어오를 때면 앵두꽃은 엷은 분홍빛으로 화사하게 피어오르고 밭을 가는 뒷집 할아버지의 부지런함이 땀방울의 소중함을 일깨워 주었다. 어릴 적 아름다운 뒷동산 냇가에서 물놀이하며 놀았던 그리운 시절을 더듬어 본다.

초가집 안마당 기와집 뒷마당에서 쓰레질하는 소리도 있다. 골목길 따라 싸리비로 싹싹 마당을 쓸어 가는 소리도 정겨운 소리이다. 이른 아침 마당을 쓰는 소리는 수수비로 조심조심 고운 빗자국을 만들어가며 쓸어 갈 때 아침은 시작되었다.

이른 아침 부엌 한 쪽에 묻어둔 커다란 항아리에서 물독 뚜껑 여닫는 소리도 이제는 먼먼 옛 얘기가 되어 있다. 안방에서 식구들이 모여 앉아 따끈한 국그릇에서 뽀얀 김이 오르고 둥그렇게 모여 앉아 도란도란 얘기 나누는 소리도 그립다. 그 때는 집집마다 설거지하는 소리까지 들려 왔다.

좁은 골목길 따라 듣게 되는 자연의 목소리가 있다. 이 소리는 듣기만 하여도 입맛을 돋구는 소리가 된다. 매일 그 시간이 되면 골목길을 지나며 외치는 소리이다.

"조개젓이나 어리굴젓, 창란젓, 명란젓 사려"

이 소리는 장사하는 분이 대개 아주머니였다. 또한 우리나라의 구성진 가락으로 마치 음악의 한 대목처럼 들려오는 소리가 있으니

"영~광~굴~비 굴~비"

구수한 목소리의 아저씨는 한국적인 가락의 분위기였기에 그런 곡조가 나왔을 것이다. 돌이켜보니, 그 시절에 골목길을 누비던 우리의 가락들이 이제는 거의 사라졌다. 이제는 모두가 그리움의 소리가 되어버렸다.

자정이 넘는 시각에 잠이 깼다. 때맞추어 멀리서 딱딱이 소리가 들려온다. 그 때는 야경꾼이 있어 그렇게 다니고 있었다. 딱딱이 소리가 가까워지자 뽀드득 뽀드득 발자국 소리가 우리가 있는 창문 앞을 지나간다. 캄캄한 밤, 더듬더듬 더듬어서 책상위로 올라가서는 커텐을 들추고 창밖을 보았다. 내 숨소리가 들릴까봐 숨을 죽이며 침도 삼키지 못하는 긴장의 시간이었다. 두 사람의 아저씨가 눈을 잔뜩 맞으며 딱딱이를 치면서 우리집 창문 앞을 지나 옆 골목으로 돌아서 가고 있었다. 눈이 무척 내리는 그런 밤이었다.

섣달그믐이 되면 아궁이에 불지피는 소리가 있다. 콩깍지가 타느라 후다닥후다닥 소리와 함께 소나무의 송진도 지글지글 타들어 간다. 마당엔 커다란 안반이 놓여지고 그 위에 잘 익혀진 쌀떡을 커다란 베 보자기에 싸서 올려놓고 물을 발라가며 떡메로 철썩철썩 떡을 치는 소리도 있다. 가래떡과 인절미가 만들어지는 소리 옆에 고소한 콩고물과 기피팥 냄새까지 함께 묻어오던 그 소리가 있다.

새해 아침 설빔을 입으면 비단옷 스치는 소리가 난다. 대문 열릴 때마

다 반가운 친척들의 목소리들이 하나씩 둘씩 웃음 띤 얼굴로 들어서고 오랜만에 서로가 덕담을 건네는 정답고 그리운 목소리들을 잊을 수가 없다. 나이 찬 아들딸들이 있는 분께는 올해는 국수장국 먹을 수 있게 해 달라는 덕담을 나누고, 사업이나 직장을 다니는 분들께는 운수대통해서 부자되라는 덕담을 한다. 아이들에게는 무럭무럭 잘 자라서 공부 잘하고 부모님 말씀 잘 들으며 건강하라는 덕담을 담아준다. 모두가 소원성취하라는 뜻의 인사이다.

이제 내가 살고 있는 현실로 돌아오니 벌써 오십 고개가 나를 넘겨줄 생각을 하느라 저만치서 오고 있다. 그동안 들어오던 소리들이 서서히 현실의 소리로 바뀌어간다. 쉼 없이 들려오는 자동차의 소리도 마치 바닷가 모래밭을 쓸어내리는 물결소리가 되어 온다. 때로는 차 한 잔 마주 놓고 만사 시름 잊을 수 있는, 내가 좋아하는 음악 소리도 있고, 이해가 되지 않아 어려운 요즘 신세대의 노랫소리도 있다. 그러나 조화롭게 들려오는 생활의 소리에는 귀를 막지 않아도 되지만 잘잘못을 따지는, 괴팍하고 도전적인 사람들의 금속성 목소리는 알미늄 창문이 맞비끼는 소리와 같아 얼른 귀를 막아버리고 싶다. 더구나 아파트 윗층에서 들려오는 무모한 소리가 있어 밤중에 위층에 올라가 주의를 주는 때도 있었다. 대개는 아이들과 어른이 함께 뛰는 소리가 있어 고통을 호소하는 이웃이 있으니 서로가 자제해야 할 소리이다. 현재 내가 살고 있는 아파트 위층은 너무나 조용한 사람들이 살고 있어 천국에서 사는 듯하다. 문명의 발달이 이루어진 현실에서 어쩔 수 없이 들어야 하는 소리가 있다면 정다움과 사랑 넘치는, 서로를 염려하고 배려해주는, 목소리가 아닐까.

전화벨이 울린다. 듣고 싶었던 목소리들이 정답게 들려오기를 기다리는 것, 이 또한 듣고 싶은 소리일 것이다.

들꽃을 찾는 마음

지붕에 떨어지는 빗소리, 후두둑 후두둑 빗방울이다. 조금 지나면 쏴아! 시원하게 내리는 비. 창문을 닫느라 이쪽 방, 저쪽 방 바쁘게 다녀야 한다. 옛날 우리 한옥은 추녀가 있어 빗물이 들이치지 않아 좋았는데, 지금의 집들은 유리가 젖지 않아서 그런지 차양이 아예 없다. 외출 할 때는 소나기가 내릴까 봐 창문 단속이 필수다.

밤새 비 내리는 소리를 들으며 잠을 청한다. 식물탐사는 비가 온다 해도 상관이 없다. 도시락은 필수, 산에 오르다 중간 어디든 적당한 곳에서 옹기종기 모여 점심을 나눈다. 그러하기에 잠들기 이전에 내일을 위한 도시락 반찬을 미리 담아 냉장고에 보관한다. 아침이면 따스한 밥만 담으면 된다.

이른 아침이면 일찍 일어나 7시 전에 도착해야 하는데 쉽게 잠이 들지 않는다. 어디든 가기 전의 밤은 번번이 잠들기가 어렵다. 어릴 때 소풍가기 전 날과 거의 같은 수준이 아직도 남아 있는가 보다.

아침에도 비는 내리고, 지하철역에 도착하니 여행을 떠나는 사람은 여전히 많다. 관광버스들도 교통단속을 피하느라 빙글빙글 주위를 돌다 온다. 번거로울 것이다. 사람이 많이 모이니 한동안은 주차장이 있었으나, 요즘은 아예 없어졌다. 여전히 한 바퀴씩 돌아다니다 오는 관광버스들.

억수로 내리는 빗줄기는 우산을 써도 속수무책. 10분만 서 있어도 바지가랑이부터 시작하여 무릎까지 푹푹 젖어 버린다. 비를 그을 수 있는 추녀는 그 어디에도 없는 야박한 건물 구조. 회관 건물 입구에 추녀가 있다면 얼마나 고마울까. 원망의 눈으로 추녀를 찾아보아도 있을 리 없다. 아서라, 사람들 모이지 말라고 주차단속까지 엄한데, 이 무슨 쓸데없는 발상이던가.

반가이 인사를 나누는 회원들의 모습. 나는 아직 초보단계의 회원이기에 꽃 이름을 외우지 못하지만, 하루에 두 가지는 꼭 외우리라 위로하며 다닌다. 흔한 풀도 각각 이름이 있는 것은 이렇게 들꽃을 연구하는 선생님들과 박사님이 계시기에 가능하다. 처음부터 지금까지 존경하는 마음으로 참여를 한다. 사람을 편하게 대해 주시는 인품에 나도 배우는 바 크다.

한평생 인생길에서 놀고, 먹고, 마시고, 큰소리치며 떠들기보다는, 이렇게 연구 탐사하는 분들의 눈길과 발걸음은 역시 존경하게 되고 바라보기만 해도 위대하다.

오늘따라 계곡 가장자리가 자기네 땅이라고 인심 사납게 구는 자를 만났다. 갑자기 미쳐서 날뛰는 미친개를 만난 것과 같다. 나무 그늘마다 손님맞이 평상을 만들어 놓고 자연을 파괴하는 자가 '자기 땅이라고 소리소리 지르며' 풀포기를 구경하거나 사진만 찍어도 발광하는 모양을 구경하는 날이 되었다. 그렇다면 자기네 땅이라고 휀스를 쳐서 출입을 막든지! 우리에게 위협을 주느라, 송아지만한 개를 풀어 놓으며 위협을 하는 사람이 같은 민족이라니! 나이도 우리와 비슷하여 먹을 만큼 먹었는데도 인격은 썩은 내 진동하는 하수도 밑바닥이다. 정말 망측한 인간이 존재하고 있었다. 권력이라도 있다면 사람을 죽이는 일도 서슴지 않을 인간이다. 인성이 메마른 인간은 어디든지, 곳곳에, 골고루 퍼져있는 현실을 다시금 느끼고 보게 되었다.

그러하기에 박사님을 비롯한 회원분께 존경의 마음이 앞선다. 무식함이 유식함을 뛰어넘고자 하면 안하무인이 되는 무법천지이다. 부끄러움도 없고 침착함도 없으니 생각의 정리는 더욱 기대할 수가 없다. 오직 냇가를 막아 평상을 펼치고 장사를 하면 그만이다. 이른 봄이라 손님도 없는 계절이건만 왜 저리도 몰상식한 것인지 참으로 가관이다.

연세 있으신 박사님께 그저 송구한 마음 가득하다. 학구적인 분께 예의는 못 갖추더라도 망령된 행동을 마구 드러낸다. 이곳이 바로 대한민국의 땅, 인심이라니! 식물을 연구한다는 것이 무엇인지도 모르는 인간이다.

30여 명의 사람들이 카메라를 들고 개울가에서 들꽃을 찍는 꼴을 못 보겠다고 으름장이 대단하다. 덩치가 큰 개들도 주인을 닮아 우리에게 위협을 한다. 사진만 찍어도 혼을 뺏긴다더니, 혼을 뺏겼는지 반미치광이가 되어 펄펄 뛴다. 힘자랑하며 큰소리치는 무식함이 사납다. 아직도 이런 사람이 있다니! 쓸데없이 힘자랑 하는 일이 꼭 필요한 일인 줄 아는 어리석은 인간을 직접 구경한다. 그런대로 큰소리쳤으니 오늘은 살맛이 나는 모양이다. 상대하고 싶지 않은 인간이다.

교양 있는 사람이 되어 학구적인 일에 도움을 주면 어때서, 그처럼 지랄을 하는 것인지, 부끄러움조차 모르는 노망의 무식함이 기승을 떤다.

우리는 자연으로 피어있는 들꽃을 존경하고 인정해주면서 잊혀진 꽃도 찾아보고 사라지는 들꽃도 발굴하고자 어려운 길을 걷는 사람들이다. 우리 회원들은 박사님을 지극히 존경하는 슬기로운 사람들이다.

2

들꽃 탐사

들꽃 탐사

등산이나 산악회를 따라가면 초입부터 숨이 가쁘다. 발걸음에 속도를 가해 빠르게 가야 한다. 능력이 부족한 나는 앞 사람의 발뒤꿈치만 보면서 걷는 것도 바쁘다. 걸음아 날 살려라 숨이 턱턱 막힌다. 산에 오르거나 내리거나 무얼 보았는지 알 바가 아니다. 정상에서 아래를 한번 굽어보고는 다시금 미끄러지듯 내려오는 게 나의 등산이며 산을 타는 수준이다. 나로 인하여 늦어지는 일행에게 미안함도 한두 번이 아니어서 등산은 그만 두기로 했다.

그러나 들꽃탐사는 내 수준에 어느 정도 맞는 산행이다.

비탈길 바쁘게 올라가는 것이 아니다. 초입 일수록 꽃이 많으니 여유만만. 느릿느릿, 갈 사람은 가든지 말든지 한가하다. 볼품없는 풀이라 해도 거기에 있는 그 자체로 충분한 가치가 있다. 키가 작아 여린 풀잎까지도 눈맞춤을 한다. 우거진 나무숲에서는 발돋움도 하고 나무 잎새의 모양을 살핀다. 잎새의 마주나기나 어긋나기까지도 보아준다. 아는 만큼 보인다는 말에 실감을 한다. 나뭇잎의 모양을 눈여겨 가면서, 꽃을 만나면 모두가 사진 찍느라 순서를 기다린다.

들꽃을 보면서 저마다 걸음을 멈추고, 메모를 하는 사람도 있으니 얼마나 편한가. 연세가 지긋하신 '박사님'의 인품을 따르느라, 회원 모두의 진지한 지혜가 부드러워 탐사에 가담한다.

나는 어떤 자세로 동참하는가. 처음에는 메모를 열심히 했지만 지금은 여유있게 사진만 찍는다. 왜냐하면 기억 따로, 사진 따로, 알 수가 없기 때문이다. 나무의 잎새나 꽃의 모양새가 눈에 익어야 그나마 구별이 가능하기 때문이다.

옻나무와 붉나무의 구별이나, 엉겅퀴나 지층계의 구별도 이제야 겨우 구별하는 수준이다. 몇 달 지나면 또 잊을지도 모른다.

김유정의 소설 '봄.봄'에 등장하는 알싸한 생강나무의 향은 알게 되었다. 생강나무는 바로 산동백이다. 봄에 피는 꽃, 산수유 꽃과 비슷하여 구별이 어렵지만. 그저 비슷하게 보이고 있으니 나는 왕초보임에 틀림이 없다. 잎새의 모양이란 같은 나무에서도 둥그런 잎새와 삼각 귀가 있는 잎새가 뒤섞여 두 가지로 되어있는 나무도 있다. 뽕나무가 그렇다. .

이번 산행은 의정부 가는 길, 회룡역에서 만나 호암사를 간다. 밤새도록 억수로 내리던 비는 아침 7시 30분에도 계속 내린다. 그냥 잠이나 싫컨 잘까? 갈까 말까 하는데, 마침 활짝 개이는 하늘에 햇살이 맑아 산뜻하다.

때를 맞추어 같이 가자는 전화가 있어 바쁘게 밥을 싸고 그릇마다 반찬을 담는다. 등산화에 배낭을 메고는 택시까지 타면서 혜화역까지 가서는 다시금 전철을 탔다. 늦을 때는 내가 타려는 차가 마악 떠나곤 한다. 휴일에는 지하철의 간격도 길다. 5분, 10분, 자꾸 늦는다.

허위허위 달려가니 우리보다 늦게 오는 사람이 있어 다행이다. 햇살 쨍한 6월, 선선한 바람이 적당하게 불어오고 공기도 상쾌하다. 30여명의 회원들은 전부가 공부하는 자세이다. 나만 초보이다. 꽃 이름 잊어먹고 혼돈하는 것엔 장학생 수준이다. 아파트 단지에 심어있는 정원수의 이름도 다시금 살피면서 산 입구에 오르니 공기가 신선하다. 졸졸 옅게 흐르는 시냇물이지만 그래도 반가운 산골짝의 물이다.

까치수염 꽃이 흰 빛깔로 피어 있어 나도 사진을 찍는다. 밤나무 꽃에 대해 궁금하던 김에 질문을 했다. "길다란 밤꽃 떨어지고 나면 어디에서 밤이 열리는지요?" 길다란 밤꽃 끝에 암꽃 하나가 따로 있어 거기에 밤이 달리는 것을 알았다.

'호암사' 에서 보이는 앞산에 '명경바위' 가 있다. 누군가가 일부러 세워 놓은 것처럼 앞면은 편편하고 뒷면은 둥그스름한 돌이 거울의 모양이란다. 산꼭대기 가까이 중간쯤 돌출 부분에 90도 각도로 정좌하고는 앞을 내다보는 듯 늠름하게 보인다. 굴러 떨어지지 않고 그대로 서 있으니 신기한 모습이다. 거기 꼭대기에서 무엇을 비추어 보고 있을까? 시야가 탁 트여 볼 것도 많고 보이는 것도 많을 것 같다. 언젠가는 저기, 명경바위 가까이 가서 살펴보리라.

아침까지도 억수로 비가 내렸기 때문일까. 맑은 하늘이 정말 곱다. 좌악 깔아놓은 새하얀 조가비구름. 그 사이에 새파란 하늘빛 배경으로 계속 움직이는 흰색 구름 '와 예쁘다' 혼잣말을 하며 하늘에 대고 사진을 찍었더니 뭐가 그리 예쁘냐고 질문을 하는 일행이 있다. '저기 하늘이요' 라고 대답을 하다 보니 내가 쑥스럽다. 식물탐사에 와서 하늘사진을 찍고 있었다.

반듯하게 살고 싶다

내가 머물고 있는 울타리가 더없이 일방적이며 폐쇄적이라는 생각을 하게 되었다. 그리고 어떤 의미 있는 일에 몰두하고 싶어졌다. 그런 생각 끝에 남들이 뭐라고 하든, 내 정신자세가 반듯하면 된다는 신념으로 용기백배 만용을 부려보기로 했다. 물론 내 가정에 도움이 되고 내 아이들을 위하는 길이었고, 돈을 버는 일이다.

새롭게 시작하는 일이어서 무척 힘들었다. 그러나 어려움을 이겨낼 수 있는 보람이나 성과가 있을 때 우리는 이마에 흐르는 땀을 식히며 인내하고 또 일하게 되는 것이다.

세상일은 남이 우러러 보아주어야 가치 있는 일이며 보람이라는 생각을 하는 사람들이 많다. 그러나 내가 하는 일이 위대하고 멋스러운 일이 아니더라도 나대로의 자부심이 있으면 그것으로 만족해야 한다는 생각이었다. 내가 하는 일이 평범한 사람들에게 별로 대우받지 못하는 일이라도 좋다. 내 자신이 그 일에 진정으로 긍지를 느낀다면 그것으로 충분하다. 우리가 받고 있는 필수적인 교육이나 성스러운 종교까지도 제자리를 잡을 때까지는 부당한 박해를 받아온 것도 배타적인 관념에 차이가 있어서 그렇다.

일상을 살면서 어떤 물건이나 일이나 그것은 사고파는 매매행위에서부터, 또는 문화적인 일로 시작이 된다. 그러나 몇몇 사람들의 본보기 때문인지 거의가 사고파는 일에 가치를 두지 못하고 외면을 하고 있다. 사람 됨됨이가 우선이건만 안하무인이 되어 이익만을 추구하는 잘못이 있기 때문이다.

우리의 일상생활은 신용을 주고받는 일이다. 물건을 사고파는 일은 보이지 않는 무언가를 함께 주고받는 일이며, 서로를 믿고 배려하는 바탕으로 이루어져야 한다. 이것은 정확한 저울대의 눈금처럼 틀림없고 사무적인 일이다. 사람이 반듯하게 산다는 일은 준만큼 받고 뿌린 만큼 거둬들이는 일이다. 공평치 못한 우리의 인습을 탈피하고, 정확하게 주고 거둬들이는 용기를 마음텃밭에 심기로 했다. 가식과 허위의 울타리를 허물기로 마음먹었다.

그 때부터 나는 많은 사람들을 만나게 되었다. 이상한 것은 모든 것을 골고루 겸비한 사람들은 겸손하고 양순한 반면에, 어느 한 부분만이 두드러지게 넘치거나 모자람이 있는 사람들은 기울어지는 저울추를 수평으로 조정할 능력이 모자란다. 혹시나 하고 안타까운 마음으로 기대해 보지만 역시 소용없는 일이다. 종당에는 모자라는 자신을 감추려고, 상대방을 마구 깔아뭉개는 나쁜 습성이 있다는 것을 알게 되었다.

언제쯤이면 고치려나 기대해 보았지만 깨우침을 모른다. 본인들은 잘못됨을 전혀 느끼지 못하고는, 서슬이 충천하여 허세를 부리면서 살아간다. 나는 이 같은 세태를 보면서 혹시 내 모습 속에도 저런 부분이 있지나 않을까 하는 두려움으로 나를 돌아본다. 다만 지금까지 미심쩍어 하던 상대방의 치부를 자세히 보게 될 때 오히려 민망하기도 했다.

곰살맞고 다정하며 매사에 시원시원한 사람까지도 때때로 고약하여 치졸한 사람으로 변신하는 모습을 볼 때도 있다. 사람이 제각각이지만 선한 사람의 슬기를 가로막는 장애가 많다는 것을 알았다. 사람에게는 가장 약한 면이 있다고 한다. 돈에 약하든 정에 약하든 모두가 장점과 함께 단점이 있다. 그러나 이런 꺼림칙한 면을 볼 때마다 참고 넘기기에 역겨웠다. 나는 이런 것을 확실하게 판별하고 스스로의 위치를 떳떳한 것으로 만들기 위해 내 자신을 개발하고 싶었다.

나를 아끼는 친구들은 내가 하는 일을 극구 말리며 반대를 했다. 무엇 때문에 아픔을 맛봐야 하느냐고 염려하여 주었다.

좋은 환경에서 아름다운 감정을 느끼면서 살 수 있는데 공연스레 시간 낭비한다며 고운 마음을 써준다. 그러나 내 자신에게 다짐을 했다. 때로는 달콤한 것이 이로울 때가 있다. 가슴이 탁 트이는 시원함도 우리에게는 필요하다. 쓰거나 달거나 입맛이 당긴다 해도 그것은 일상적인 도덕에 어긋나지 않아야 한다. 현재는 쓰더라도 이상적인 미래를 위한 길이라면 쓴 것을 참을 수는 있다. 쓰다고 해서 꼭 이로운 것도 아니고 달다고 해서 무조건 해로운 것도 아니다. 뒷면에 숨어있는 뜻을 제대로 알아야만 한다.

사람을 사귀다보니 곱지 못한 심리상태를 볼 때가 많은 편이다. 그러나 느낌이 맞을 때가 있고, 선입견이 있을 수도 있다. 대체로 사람의 심성이란 외모에 나타나고 대개는 인상대로 간다.

이상한 것은 상대방의 인성이 나쁘다고 여러 번이나 느끼면서도 쉽게 돌아서지 못해 상처를 받게 된다. 설마 아니겠지 생각을 고쳐보았지만 역시 그랬다. 첫인상이 좋다고 해서 결국 미련을 버리지 못하고 나름대로 믿음을 세우곤 했다. 그래서 하느님께서는 인간에게 고통을 준다고 한다. 이겨낼 수 있을 정도의 고통이라지만 그 고통 때문에 종교를 원망하기도 한다. 어찌되었건 종교를 등졌다면 그 고통 또한 크다.

오늘을 살아가는 일이란 이런저런 일들을 함께 다스려야 한다. 이제부터라도 시시비비를 가릴 줄 아는 밝은 눈을 갖고 싶다. 나는 많은 사람들을 만나고 순리를 따르며 살아가기로 했다. 그래도 내 곁에는 나쁜 사람보다는 좋은 심성을 지닌 사람들이 더 많다는 것을 알기 때문이다.

벌써 10주기

왜 여자는 외출할 때마다 이다지 불편한가. 집에 있을 사람의 반찬을 챙기면서 스스로에게 위안을 건다. 인간의 삶이란 갈등을 안고 사는 것. 인간의 삶은 다양하지만, 결국은 인내하면서 참아야 한다. 아침에 나갔다가 저녁에 들어오는 외출인데 언제나 마음이 편치 않다.

그래도 일단 공기 좋은 곳에 가면 한가한 여유가 생긴다. 몸은 고달파도 마음은 푸른 하늘을 날아오르는 휴식의 공간이다. 숨을 쉴 때마다 숨통이 활짝 트인다. 마음껏 숨을 들이킨다. 나를 만나서 고맙다고 말해주는 공기가 달다. 밤새 내리던 비는 먼지를 말끔히 씻어내어 맑게 만들었다. 상쾌한 아침이다.

어느 새 십년이 되었다니. 박연구 선생님께선 나를 볼 때마다 늘 하시던 말씀이 한결 같았다. '서교수 제자' 라고 하시면서도 살갑게 챙겨 주셨다. 한국일보사에서 강의 하실 때도 놀러 오라고 하시어 갔던 때도 있었다. 수필을 사랑하신 박 선생님. 네 편, 내 편, 편 가르기 하지 않고 편하게 대해 주시던 박 선생님 덕분에 '수필공원 세미나'에 참석을 매년 했었다. 돌이켜 생각하니 정말 좋으신 분이다. 90년대, 해금작가의 책을 읽어보라고 주시면서 기뻐하시던 모습도 떠오른다. 헨리 데이빗 소로우의 '월든' 책도 주시고.

안국동 건널목 신호등 따라 걷다가 딱 중간에서 뵙게 되었다. 반가운 악수를 청하시는데 어찌나 손가락이 아프던지 입이 딱 벌어지는 지경이 되었다. 내가 유난히 반지를 즐기던 젊은 시절이라, 왼손에 인지와 검지에 두 개의 반지를, 오른손 검지에 묵주반지를 끼고 있었기 때문이다. 울퉁불퉁한 묵주반지가 얼마나 아프던지 다음부터는 오른손에는 반지를 절대로 끼지 않게 되었다. 호리호리 하신데도 손힘이 그렇게 샌가 궁금한 생각으로 걸음을 옮겼다. 지금은 반지와 시계까지도 졸업한 상태이다.

오늘, 3월 7일, 박 선생님 묘소에 당연히 가야 한다. 10주기라니 감회가 새롭다. 차안은 빈자리가 없이 꽉 찼다. 누군가 회비까지 내고도 빠진 사람이 있어 무사통과. 이럴 땐 미리 신청하지 않은 내가 복을 받은 것이다. 감사의 기도를 드린다. '선생님 저도 이렇게 선생님 뵈러 갈 수 있어 정말 다행이네요.'

신세계 묘원이다. 선생님께서 1963년 월간 '신세계'로 등단하셨다고 한다. 묘원의 이름도 신세계이다. 입구에서 조금 걸어가니 모퉁이 곁에 아늑한 자리. 모든 사람이 서서 행사를 하는데 나는 끝자락에 주저앉아야 한다. 늘 체력이 모자라 어쩔 수 없다. 앉아 있다 해도 선생님께선 이해해 주시고 예전처럼 반갑게 대해 주실 거라고 믿는다. 나를 보신다면 아프고 나서 얼굴도 많이 달라졌다고 하실 것이다. 무서운 암수술하고 이겨내어 다행이라고 반가워하실 것이다. 살아계실 때가 그립고, 뵙고 싶다.

맹선생과 백임현 선생님의 조사가 낭독되고 은은한 피리소리도 감상하고 45명이 단체 인사를 드린다. 나도 존경하는 마음을 담아 삼배를 드린다. 제자들의 정성으로 마련한 음식과 음복을 하니 목넘이가 편안하다. 예정보다 시간이 많이 지체되어 점심이 30분이나 늦어졌다고 안내하시는 김대원 선생님.

내가 암수술 하고 얼마 안 되었을 때였다. 선우미디어에 가니 거기서 성곽둘레길 소문을 들었다. 내가 역사수필을 쓰고 있으니 도움이 될 거라고, 조언해 주는 덕분에 우연하게 시작된 기행. 나는 성대가 마비된 상태라 호흡조절이 안 된다. 오르막 비탈을 오를 때는 숨이 막힐 듯 가빠져서 무척 힘들다. 만날 때마다 반갑게 대해주시는 조한숙 선생님의 밝은 모습에서 나는 용기를 갖는다. 강철수 선생님은 내가 뒤처지는 것이 염려가 되시어 앞에서 걷도록 격려를 하지만 언제나 나는 꼴찌가 된다. 먼저 꼭대기에 올라가 나를 기다려 주시던 김대원 선생님과 여러 회원님들, 한 분 한 분 얼굴이 떠오른다. 생각할수록 고맙다. 제자는 스승을 닮는다고 재미있어 하시던 그 옛날, 이 선생님의 말씀이 맞는 거 같다. 내가 한국수필 출신이지만 에세이문학에서 우연하게 함께 하고 있다. 예전에 계셨던 박연구 선생님의 제자들이라 나를 거부하지 않고 받아주시는가 보다.

점심 뒤에 허준 선생의 묘소에 갔다. 안내문을 읽어보니 1991년도에 여기 묘소를 찾게 되었다고 한다. 너무나도 잘 알려진 분의 묘소가 이렇게 감감 무소식이었다니 믿을 수가 없다. 비석도 쓰러져 땅속에 묻혀 있었다고 한다. 역사의 흐름 속에 그토록 지우고 싶은 자락이 있어 허준 선생의 묘비는 예리하게 깎여 밋밋한 이유는 무얼까? 우리 조상들의 업적이 그토록 거슬렸더란 말인가? 침략자의 발상과 함께 몹쓸 역적 놈이 전기톱으로 그렇게 깎아 버렸을까. 황희 정승의 비석은 아예 반질거리게 해놓더니 여기도 어떤 인간이 이렇게 훼손을 해 놓았다. 자연스레 깎인 게 절대 아니다.

많은 곳을 다니기 좋아하는 저에게 이토록 귀한자료까지 알게 되었으니 박 선생님께 그리고 에세이문학 회원들께도 감사를 드린다.

별, 나의 별

어린 시절, 여름날 저녁이 되면 온 몸을 휘감는 더위를 피하기 위해 앞마당에 넓다란 멍석이 펴 있었다.

분꽃 향기 그윽한 마당가에서 소꿉놀이 하다가 사방이 온통 캄캄한 밤이 되면 동생들과 함께 자리에 누워 하늘을 보았다. 마치 하이얀 안개꽃이 하늘 가득 피어있는 꽃밭을 구경하는 듯, 자잘한 보석들이 촘촘히 박혀 있는 하늘은 별들의 꽃밭이었다.

조무래기였던 우리들은 아름다운 별과 사람의 숫자는 꼭 같다고 믿었다. 사람마다 각자의 별이 하늘에 있다고 생각하던 그 때, 마침 먼 곳에서 별 하나가 굵은 선을 그으며 하늘가로 떨어졌다. 저 별의 주인공이 방금 목숨을 거두었으므로 별도 함께 떨어지는 것으로 믿었다.

다시금 하늘을 눈여겨보면 별들은 정말 살아있는 듯 깜빡깜빡 눈짓을 한다. 반짝이는 별을 보며 우리가 알고 있는 모든 사람들과 별을 맞추어 보았다. 앞집에서 뒷집으로 건너 마을 친척집으로 서낭당 고갯길에서 마주치던 낯선 사람들까지 모조리 주워섬기며 별과 함께 짝을 맞추었다. 아무리 맞추려 해도 별들은 너무 많아 나머지 별들은 우리가 알지 못하는 멀고도 먼 미지의 사람들 몫이라고 했다.

그리고 한참 뒤, 태양도 별의 종류라는 것을 알았다. 그런데도 별을 볼 때마다 어릴 때의 꿈은 그대로 남아 있었다. 대학생 시절, 남학생으로부터 나를 사랑한다는 고백을 받았다. 처음으로 사랑고백을 듣고 난 그 날 저녁 무심코 하늘을 보았을 때 나팔꽃 넝쿨 사이로 별 하나가 유난히 반짝이고 있었다. 그 별은 계속 나를 향해 눈짓을 하는 듯 보였다. 순간 저 별은 나를 보고 있으며 어떤 사랑의 마음을 나에게 전하는 것이라 생각되어 그 별이 정겹게 느껴졌다.

별들의 반짝임도, 별의 밝기도, 모두 알고 나면 허무하다는 딸아이의 말처럼 이제 별들의 반짝임도 신비함이 벗겨지고 말았다. 그러나 어릴 때의 순수하고 아름다운 선입관은 그대로 있어 지금도 나는 가끔씩 창문을 열고 별빛을 본다.

그런데 요즘은 하늘을 가득히 채웠던 별들이 보이지 않는다. 나를 향해 사랑을 전해주리라는 영롱한 반짝임도 느낄 수 없다. 그저 드문드문 희미한 별빛이 보일 뿐이다.

내 마음에는 세 종류의 별빛이 살고 있다. 어린 시절에 보았던 별빛, 수많은 별들이 하늘을 가득 메워 북두칠성 찾기도 힘들 정도로 찬란했던 그 시절, 맑고 고운 동심의 하늘은, 하늘이 모자랄 정도로 별이 많았기에, 청빛 푸른 하늘은 별들의 잔칫날이 되어 있었다. 하늘 가득 빈틈없이 떠 있는 별들은 내가 바라보고 있는 지붕위로 솔솔 쏟아져 내리는 신비한 밤이었다. 아침이 되면 지붕위에 내려와 있는 별들을 쓸어 담아 하늘에 다시 보내야지 생각하면서 잠이 들곤 했다.

그 후 내가 성인이 되어갈 무렵, 많은 별빛 속에서 나를 향해 눈인사를 하는 정다운 별이 있었다. 초롱초롱 빛나며 깜빡거리는 영롱한 별빛, 나에게 순수한 사랑의 말을 전해주고 싶어 반짝이는 별이라고 느꼈으니 그날의 감미로웠던 그 분위기가 가끔씩 그리울 때가 있다.

지금은 가로등이 환하게 켜있는 공해 속에서 안타까운 마음으로 바라보는 희미한 별빛이 있을 뿐이다. 우리환경에 미세먼지와 밝은 불빛이 있어 하늘의 별빛도 흐려졌다.

도시에서 바라보는 별빛은 드문드문 흐릿하고 쓸쓸하다. 그 외로움 속에서 꿈을 살리고 싶어 오늘도 창문을 열고 하늘을 본다. 그리고 젊음의 신선한 그리움을 갖고 싶어 고운 빛으로 내 마음을 밝혀주는 영롱한 별빛을 찾아보고 있는 중이다.

사락사락 눈 내리는 날

흰 눈이 사락사락 내리기 시작한다. 이렇게 눈이 올 줄 알았으면 길을 나서지 못했을 텐데 갑자기 눈이 쌓이기 시작한다. 양편으로 펼쳐지는 높고 낮은 산등성이, 그리고 나뭇가지 위에 소담스럽게 쌓여 가는 눈이 새하얗다. 강물도 지평선인 양 무한한 그리움을 안고 절절한 흰빛으로 물들어 가고, 언덕길에는 많은 차들이 미끄러질까 두려워 꼼짝을 못하고 서 있다. 은근한 걱정이 앞서기는 해도 우리는 그런 대로 차창 밖으로 펼쳐지는 설경을 감상한다.

우리가 타고 있는 버스는 운전기사의 기지로 꼬불꼬불 지름길로 들어섰다. 게다가 흘러간 팝송을 들으면서 달콤한 분위기 속에서 무사히 도착했다. 길에는 발목까지 푹푹 쌓인 눈이 우리를 반겨준다. 한겨울 끝자락에서 푸짐한 눈을 만났으니 한껏 여유로운 마음이 되었고, 무언가 좋은 일이 있을 것만 같은 느낌이 든다.

아직은 겨울이지만 성큼 다가올 봄을 구경시켜 준다기에 춘천에 살고 있는 문우文友가 인도하는 대로 따라갔다. 숙소의 로비에 우리보다 훨씬 키가 큰 진달래가 한 아름씩 피어있었다. 호반을 배경으로 연분홍 빛깔의 봄이 한창이다. 봄의 전령사인 개나리도 뒤질세라 함빡 웃음을 머금고 여기저기 피어 있다. 겨울은 창밖을 새하얀 빛깔로 물들이고 있는데, 이곳에는 아름다운 빛깔의 봄이 피어나고 있다. 한적한 찻집에서 우리는 반가운 손님으로 대접을 받으며 활짝 핀 진달래꽃 옆에 자리를 잡았다. 따끈한 차를 들면서 오롯이 한마음이 되었다.

그러나 펑펑 쏟아지는 눈은 계속됐고, 우리는 서울로 되돌아 갈 수 없게 되었다. 집으로 전화를 하니, 식구들은 밤길에 눈이 너무 많이 쌓여 위험하다고 하면서 내일 날이 밝으면 오라는 것이다.

여행가방 가득히 준비물을 챙기던 여행보다도 더욱 홀가분하게 하룻밤을 묵게 되었다. 얼굴에 바르는 로션 하나 준비하지 못했지만 이렇게 편한 마음으로 외박을 하기도 처음인 것 같다. 우선 우리 다섯 여인들의 낭만이 서로 통하기 때문에 더욱 즐거운 마음이다. 차가운 싸락눈이 목으로 얼굴로 파고들어도 상관하지 않고 아무도 밟지 않은 눈길로 덥석 들어갔다. 본래 인간의 마음은 늘 허전함이 자리를 잡고 있다고 한다. 채워지지 않는 허전한 마음을 흰빛으로 채우고 싶어 눈 속을 걸었다. 하늘을 향해 소리쳐 부르고 미지의 그리움을 향해 마음을 표현했다. 추위와 미끄럼도 잊은 채 하얀 눈길을 걷고 또 걸었다. 강가를 비추고 있는 가로등 불빛까지도 하얀 눈빛으로 젖어들고 휘날리는 눈빛은 우리에게 축복을 내려주는 듯 그칠 줄 모르고 내린다.

숙소를 정하여 방안에 들어서니 이럴 수가 있을까. 모든 것이 그 누구의 소유가 아닌 자연의 그림들이 한 폭의 아름다운 산수화가 되어 유리창 가득히 펼쳐있었다. 우리는 유리창으로 다가가 바깥 경치에 한동안 말을 잃고 서 있었다. 말로 표현하기보다는 차라리 말 못하고 서 있는 것이 그 아름다움에 대한 표현이 될 정도였다.

무한정한 하늘 아래에 이토록 잔잔하고 고요하며 자연의 품격을 골고루 갖추고 있는 산수화가 있었다. 호수 건너편 잔잔히 줄지어 서 있는 나목의 그림자들. 결코 흔들리지도 않고 그 자리에 고즈넉이 줄지어 있는 잔잔한 분위기의 나목들. 저기 나무 그림자 너머 호숫가를 지나면 박사마을이 있다고 한다. 그 곳에는 60여 명의 박사가 있다고 하여 박사마을이란다. 산수가 아름다워서인가 아니면 산에서 간직하고 있는 알 수 없는 기가 박사학위를 받는 이에게 힘을 주고 있는 것일까.

한 사람의 인간이 태어나 박사가 되기까지 그 노력도 훌륭하지만 그 뒤에 숨겨져 있는 어머니의 정성도 대단하리라. 그러하기에 그 곳 어머니들의 각오는 유명하다고 한다. 자식들의 교육을 위해서라면 어떠한 각오라도 할 수 있고 정성 또한 대단하다는 것이다. 아무래도 인간과 자연의 조화가 잘 맞아 그런 거 같다. 웅장한 산등성이와 그 아래 펼쳐있는 마을 그리고 앞으로 훤히 트여있는 호수 같은 강물, 흐르는 듯 고여 있는 듯 잔잔함을 유지하는 강을 바라보며 한가한 가운데서 지혜로움을 찾을 수 있기에 많은 박사가 탄생되는 곳인지도 모른다.

안타까운 것은 붕어섬이다. 그 붕어섬을 개발하기 위해 섬 주변에 축대를 쌓아 각지게 만들어 놓은 것이다. 별다른 수입원이 없다고 하더라도 자연의 품격을 떨어뜨릴까 염려가 된다. 또한 상수원의 맑은 물이 흐려질까 두렵다. 우리가 살아가는데 의 · 식 · 주가 제일인 것 같지만, 그 밑에 기본적으로 갖추어야 할 기본자세가 바로 자연보호의 정신문화이다. 옷을 입을 때에도 품격에 맞추어 입어야 멋스러운 것이다. 멋스럽게 보인다 하여도 너절너절 거추장스러우면 보는 사람이 거북하다. 옷감이 너무 부드럽고 얇아서 몸매를 드러낸다 해도 공간적인 아름다움과 격을 갖추기 바란다. 먹는 음식도 쩝쩝 소리를 크게 낸다거나, 기호에 맞지 않는 음식이라도 깨작거리지 말고 적당한 예절을 갖추어야 하는 기본자세가 필요하다. 주위에서 바라보는 사람이 없다하여도 냄비를 든 채 거지처럼 먹지 말고, 어느 정도는 격식을 갖추는 기본예절이 몸에 배어야 한다.

집도 마찬가지이다. 화려하게 보이기 위해 땅 속의 자연석을 마구 캐내어 대리석으로 장식하는 것도 삼가야 할 일이지만, 절약한다고 하여 궁상을 떨어도 안 되고, 찌든 때가 끼도록 더러운 곳도 청소를 해야 한다. 정갈하면서도 미적인 감각이 돋보여야 아름다운 집이다. 매일 쓸고 닦는 행주와 걸레도 언제나 깔끔하게 삶거나 말려두어야 한다. 집을 장식하기 위해 아름다움을 추구하면서 우리의 기본적인 멋과 우리의 사상을 잃어버리면 안 된다. 늘 자연과 맞추어 멋을 간직하는 그런 집이 들어서야 한다. 우리 모두에게 이런 정도의 기본자세가 깃들게 된다면 사람이 사람을 바라보는 눈길부터가 달라질 것이다.

길가에서 인간과 인간이 서로를 마주치거나 슬쩍 지나치고 있을 때 원수를 대하듯 무표정 하면서 살벌한 표정이 현재 우리나라의 예절이다. 흡사 깔아뭉갤 마음으로, 매섭고 표독스런 눈초리들이 대세가 되었다. 인간이 지켜야 할 기본자세인 인사조차도 하지 않고 지내는 것이 요즘의 우리 아파트 문화이다. 이해관계도 없는 사람이 길가에서 서로 마주칠 때 적당히 목례하며 밝은 미소를 보내는 마음자세는 아예 없어졌다. 미소 지으며 인사를 하면, 미친 사람 아닌가? 하고는, 오히려 경멸하면서 외면하는 것이 요즘의 인사법이다.

외국에서는 사람들과 눈이 마주치면 손을 흔들며 '하이' 하면서 인사를 하기에 깜짝 놀랐다. 내 핏줄에게만 아는 체 하지 말고, 같은 하늘 아래에 있는 공통된 인간의 기본적인 자세는 갖추고 살았으면 좋겠다.

원수를 대하듯 공격적으로 살아가는 요즘 사람들! 말만 시켜도 싸우려 드는 젊은이와 경로석에 늙은이들도 이미 고약하다. 고래고래 소리치는 것은 물론이고, 싸움질하는 노인들을 본다. 우리나라는 본래 이런 나라였던가?

우리가 어릴 때의 어르신들은 정답게 살았다. 전국 어디를 가든지 아름다운 산과 나무를 보면서 살고 있는 우리나라. 깊은 산속, 맑은 물 굽이쳐 흐르고 사계절이 뚜렷한 것도 분명 축복이다. 겨울이 가면 꽃이 피는 봄이 온다. 우리는 분명 축복 받은 나라가 분명하긴 한데, 과연?

생활의 새싹

돌 지난 아이를 따라다니다 보니 양지바른 앞마당에 햇살이 따스하다. 아랫목처럼 따스한 담장에 등을 기대고 한동안 서 있다가 겨울 먼지를 쓸어내려고 마당비를 들었다. 아직은 이른 봄인데 발길이 닿지 않은 담장 밑에 새싹들이 귀엽게 돋아나고 있었다. 지난해 고추를 말리다 흩어진 씨에서 싹이 트고 있다.

흙을 비집고 나오느라 갸날픈 허리를 구부린 새싹도 있고 머리에 고추씨를 그대로 쓰고 있는 싹도 있다. 저마다 힘껏 흙을 밀치고 나오는 새싹들이 귀여워 웅크리고 앉아 들여다보니 다른 싹이 하나 눈에 뜨인다. 복숭아 싹이다. 일부러 심은 것이 아니라 무심코 버린 씨에서 싹이 터 나온 것이다. 대견하다는 생각이 들어 나뭇가지로 둥그렇게 세워 울타리를 만들어 주었다. 울타리까지 세워주고 보니, 보잘 것 없는 작은 싹을 가지고 유난스레 구는 것은 아닌가 하는 생각이 들었다. 돌 지난 아이도 엄마의 부탁을 들어주는 기특함이 있다.

저절로 나온 작은 새싹을 보면서 열매가 주렁주렁 열리는 큰 나무로 키워낼 수 있다면 얼마나 보람 있는 일이겠는가. 때마침 등 뒤에 내리쬐는 햇살의 따스함에서 어떤 자신감이 생긴다. 이 정도의 햇빛이라면 튼튼한 나무로 키워낼 수 있다는 확신을 갖게 되었다.

슬쩍 건드리기만 해도 부러지고 말았을 작은 싹이 한 뼘 정도 자라자 겨울이 왔다. 잎사귀 몇 잎에도 부러질 듯 힘겨워하던 나무는 무럭무럭 자랐다. 6년이 지나니 나무의 키가 담장보다 높이 자랐다. 어설프게 너울거리는 나무줄기가 사람들 눈에 띄기 시작하자 보는 사람마다 한마디씩 건넨다.

꽃도 피우지 못할 나무라느니, 접도 붙이지 않은 복숭아나무는 개복숭아가 열릴 것이라느니, 하다못해 귀신이 좋아하는 나무는 울안에 심는 것이 아니라는 말까지 한다. 그러나 개복숭아가 열리면 안 먹으면 될 것이고, 귀신이 좋아하는 나무라면 보물방망이나 달라면 될 게 아닌가 하는 생각이 들었다.

사람들이 무슨 말을 하든 말든 복숭아나무는 잘 자랐다. 줄기 하나에 둥그렇게 퍼진 나뭇가지가 커다란 파라솔을 편 듯 제법 시원해 보인다. 그러나 복숭아나무는 벌레가 많아 한 달이 멀다하고 농약을 뿌려야 한다. 정원사마저 내 뜻을 이해할 수 없다며 잘라 버리라고 한다. 건넌방 댁은 나하고 마주치기만 하면 벌레 없는 나무로 바꿔 심으라고 압력을 가한다.

그러나 나는 아기손톱보다도 작은 떡잎을 달고 있는 어린 것을 이만큼 키운 것만도 대견해서 잘라 버린다는 생각은 할 수가 없었다.

8년 만에 처음으로 꽃이 피었다. 드문드문 피어있는 여덟 송이의 꽃, 다른 사람 눈에는 띄지도 않겠지만 내 눈에는 커다란 꽃송이로 다가왔다. 다음 해에도 역시 엷은 빛깔의 꽃이 몇 송이 피더니 힘없이 져버린다. 사람들이 대수롭지 않게 여기더니 제대로 꽃도 피우지 못하는가 싶어 안타까운 마음이 들었다.

새봄이 다시 왔다. 십 년째 되는 올해에도 엷은 빛깔의 꽃이 몇 송이 피다가 말겠지 했더니, 하나 둘 벌어지는 새순이 온통 분홍빛이다. 빛깔마저 연분홍이 아니라 진홍빛을 머금고 선명하게 피어난다. 너무나 신통하여 나무줄기를 잡고 올려다보니 활짝 핀 꽃송이마다 나를 보고 웃는 듯 너무도 곱고 예쁘다. 이제는 지나가는 행인들마저 와아 예쁘다는 감탄사가 자주 들려온다. 밤에는 가로등 불빛아래 화사한 꽃잔치가 열린다.

꽃이 피었던 자리마다 완두콩만한 열매들이 나란히 달리더니 자두알만큼 컸다. 휘늘어진 가지들이 부러질 것만 같아 솎아줄 생각으로 익은 것만 따는데도 작은 소쿠리에 그득하다. 맛을 보니 사르르 녹는 맛이 무척 달다. 껍질을 까는 동안에도 달콤한 물이 뚝뚝 떨어진다. 잘 키워낼 수 있으리라는 확신을 갖고 기울인 사랑의 열매라 그런지 먹을수록 맛이 당긴다. 가게에서 사다 먹는 복숭아는 두서너 개만 먹어도 물리기 마련인데 먹을수록 맛이 달다. 오후반인 딸 아이는 점심밥 대신 복숭아만 먹어도 되느냐고 묻는다. 한꺼번에 모두 따면 제일 커다란 광주리를 가득 채우고도 넘칠 정도로 첫 번째 수확이 풍성하였다.

다음 해, 복숭아가 한창 익어갈 무렵 집을 팔게 되었다. 계약을 하던 날 나는 왠지 잠을 이룰 수가 없었다. 캄캄한 마루에 혼자 앉아 하늘을 올려다보니 달빛이 무척이나 밝다. 등나무에서 울던 여치는 내 마음을 아는지 방충망에 매달려 바로 내 앞에서 찌랑찌랑 울고 있다.

계약을 하기 전에 복숭아나무를 캐어간다고 말할 것을 그랬나? 아무 말 안한 것이 못내 후회가 되었지만 옮겨심기보다는 제 자리에 두는 것이 나무에게는 좋을 것이며, 또 다행히 좋은 주인 만나면 계속해서 사랑을 받을지도 모른다는 생각으로 애써 마음을 달랬다.

이사를 한 뒤에도 복숭아나무가 무척 보고 싶었다. 어느 날 나는 마치 무엇에 끌리듯 전에 살던 집으로 발걸음을 옮겼다. 골목길을 들어서면서 혹시 베어버렸으면 어쩌나 하는 생각이 앞서자 가슴이 철렁 내려앉는 듯 했다. 차마 그 나무를 직접 확인할 용기가 없어 그냥 발길을 돌려 나오는데 예전의 단골이었던 가게 아주머니가 큰 소리로 나를 부른다. 내가 살던 그 집에 아주머니의 친정조카가 살고 있어 복숭아 맛을 보았다고 한다. 많이 열리기도 하지만 그처럼 맛이 좋은 복숭아는 처음 보았다는 말까지 덧붙인다. 이제는 완전히 뿌리를 내려서일까. 내가 돌보지 않아도 여전히 맛이 있다니 기쁘고 신통하다. 그냥 돌아서려는 발길을 돌려 옛집을 찾아갔다. 이사한 지 6년이 지났는데도 나무의 모양새는 변함이 없었다.

담장 밖에 서서 물끄러미 바라보았다. 이미 남의 것이 되어버린 나무이지만 전지를 너무 많이 했다. 나뭇가지가 껑충해서 안쓰럽게 보인다. 벌레 많이 낀다고 구박받는 것은 아닐까? 꽃도 예쁘고 열매 맛이 좋으니 베어버리지는 않겠지 하는 마음에 스스로 위안을 하면서 발길을 돌렸다.

오늘을 살아가는 생활 속에서도 나는 새싹과 같은 작은 일들과 우연히 부딪치며 살고 있다. 잘 키우는 일이란 남의 말에 좌우되지 않고 확신과 소신이 있으면 가능하다. 남에게 넘기면 이미 내 것이 아니다. 내가 믿음으로 열심히 보호하고 키워야 제대로 키울 수 있다.

서정범 교수님!

선생님과의 만남은 여행이었다.

1960년대 중반, 그때는 버스종점이 홍릉에 있었다. 홍릉에서부터 학교까지는 야트막한 산길을 넘어야 하지만 매연이 없는 시절이라 걷는 것이 힘들다는 생각을 하지 않았다. 그저 당연하게 즐거웠다.

빈틈없는 만원 버스에서 한꺼번에 내리는 대학생들. 산길은 온통 저벅저벅 들려오는 학생들의 발자국 소리에 아침 태양이 중천에 떠오르곤 했다. 산길을 돌아 학교가 보이기 시작하면 우선 푸른 소나무들이 늠름하다. 그 자리에서 오랜 세월의 덕을 쌓아온 소나무 가지에 새하얀 눈이라도 얹히는 날은 웅장한 동양화가 펼쳐지는 새로운 세계. 도서관과 본관을 둘러싸고 갖가지 꽃들이 쉼없이 피어나는 교정에서 학문을 탐구하는 것은 당연한 명목이지만, 자연경관을 즐기는 또 하나의 선택과목이 있었다. 쉽게 볼 수 있었던 귀여운 다람쥐들은 우리와 함께 학문을 연구했을 듯싶다.

그날 우연히 강의시간이 끝나고 여러 명의 친구들과 함께 선생님을 따라 홍릉 산길을 넘은 것으로 기억이 된다. 짧은 산책이었지만 아직도 생생한 어제까지의 연속이었다.

선생님의 꿈풀이 재담을 들으면서 줄장미가 곱게 피어있는 고려대학교 담장을 지나 안암동까지 걸었다. 더구나 이곳은 내가 태어나서 자란 곳, 초등학교를 다니던 길이니만큼 선생님 댁이 있는 골목까지도 익숙했다. 선생님은 그때 신혼으로 태어난 지 얼마 안 되는 첫아기가 있었다.

여름방학이 오면 여행이 있다고 말씀하셨지만 동조하는 여학생은 나 혼자였다. 그 여행이 바로 선생님의 작품 '울릉도' 여행이다. 포항에서 밤배를 타고 잔잔한 바다 위에 그림자를 비치는 달구경을 하다가 시원한 바람을 자장가 삼아 잠이 들었을까?

울릉도에 도착이라는 소리와 함께 사람들은 주섬주섬 짐을 챙기며 내릴 준비를 하고 있었다. 처음으로 대하는 울릉도. 산등성이 높은 곳에도 밭이 있었다. 보이는 곳마다 진초록의 싱싱한 나무들, 뱃전에 출렁이는 검푸른 바다가 지금도 눈에 삼삼하다. 그때만 해도 넓은 길이 없었기에 자동차는 물론, 자전거조차 다니지 않았던 울릉도. 태고의 절벽 위에 구불구불 세월을 틀어온 향나무의 모습을 쉽게 볼 수 있었지만 지금은 승용차에 버스까지 다니고 있으니 세상 참 많이 변했다.

그때에도 기념품을 파는 작은 가게가 있었다. 세월의 이끼인양 검은빛의 슬레이트 지붕을 이고 있는 자그마한 가게는 향나무 냄새가 폴폴 풍기는 토산품이 여러 가지 있었으나, 주머니 사정에 가장 저렴한 물건으로 실을 감아두는 실패를 샀다.

45년의 세월이 흘렀는데도 코에다 대면 그시절 울릉도를 지켜오던 향나무의 향이 여전하다.

'울렁울렁 울렁대는 가슴 안고 연락선을 타고 가면 울릉도라

뱃머리도 신이 나서 트위스트 요게 바로 울릉도……'

이 노래는 우리가 울릉도를 다녀온 다음에 생긴 노래이다. 성인봉에 올랐을 때 맑은 하늘과 푸른 바다를 배경으로 새하얀 구름 운해가 바다를 향해 수평으로 누워있는 경치는 우리가 바로 신선이었다. 참 그때만 해도 늘씬날씬 건강했던 나는 여학생 중에서는 제일 먼저 성인봉에 도착을 하여 남학생들의 박수를 받기도 했다.

거의 10박이 넘는 여행을 여학생인 내가 혼자서 따라 갈 수는 없었다. 여행 전에 친구 집에 찾아가 엄격하다는 친구의 어머니를 뵙고, 화장실도 둘이서 꼭 붙어 다닐 것이라 말씀을 드려 승낙을 받은 뒤, 그 친구와 함께 매년 여름방학마다 여행을 계속했다. 그 친구와 나는 줄곧 주요 멤버가 되었다. 후배들을 아껴주는 선배들과 경희중학교에 계시는 홍기준 선생님은 울릉도 여행을 함께 했고, 김태곤 교수님과 김진도 선생님은 보길도 주변의 섬과 여수의 오동도 여행을 함께 했다. 가는 곳마다 선생님의 지인들께서 융숭하게 대접해 주시는 덕분에 우리들도 호강을 누린다. 함께 자리를 하도록 여학생의 신분을 아껴주시던 선생님께서는 교수님보다는 선생님으로 부르라 하셨던 학창시절, 권위를 내세우지 않으시던 선생님.

친구가 이렇게 말했다. "선생님 복숭아 먹고 싶어요" 하면 "안돼 이따가 먹어야지" 하시다가도 "희선이가 먹고 싶데요" 라고 하면 "그래? 그럼 지금 먹으렴" 하신다. 쾌재를 부르며 까르르 웃었던 친구. 지금과는 달리 미소만 지을 뿐 진득하니 말이 없었던 나를 배려해 주신 것만 같아 잊을 수가 없다..

목포에서부터 배를 타고 하루 종일 가야하던 홍도. 한여름 뜨거운 뙤

약볕 갑판 위에서 온종일 멀미를 했던 나. 홍도에 도착 했을 때는 기진맥진 자갈밭에 그대로 누울 수밖에 없었다. 내 짐이고 뭐고 챙길 겨를이 없을 때 교수님을 알아본 우리학교 체육과 남학생들이 달려와서 무거운 짐을 들어주는 친절을 베풀어 주니 얼마나 고마운가. 볼품없이 누워있던 나는, 덩치가 멋진 체대생들을 구경하느라 벌떡 일어나 정신을 차리고는, 후후! 지금도 웃음이 나온다.

무주구천동 어느 골짜기인가? 매월당 김시습의 사리탑이 높은 산길 중턱쯤에 방치되어 있음을 보시고, 이게 웬일이냐며 안타까워하시던 선생님. 풀숲을 헤치고 사리탑을 에워싸며 찍은 사진은 일행들의 표정이 한결같이 심각하다. 매월당만큼 훌륭한 분도 드물다. 수양대군의 권력찬탈은 동생을 다섯이나 죽이고, 단종을 인정하는 사람들의 목숨을 300명이 넘게 죽인다. 지조를 지키며 항거하던 사육신의 시신을 남몰래 거두어 한강을 건너, 언덕배기 높은 곳에 옮긴 분이 바로 매월당 김시습이 아니던가! 결코 벼슬자리를 동조할 수 없었기에 팔도강산을 누비며 슬픔을 달래던 의리의 사나이. 지금도 어딘가엔 김시습을 닮은 그런 사나이가 분명 있을 것이다

남쪽 땅끝마을 윤선도 별장을 비롯하여 '노하도' '보길도' '홍도' '울릉도' 여러 섬을 다니며 방언조사를 다니던 대학생활은 끝을 맺고, 30대의 주부가 되어 아이들 셋을 키우던 어느 날, 중앙일보 신문에서 선생님의 모습을 보니 너무나 반가웠다. 공부하는 엄마가 좋다는 아이들 의견에 힘을 얻어 '중앙문화센터' 에서 선생님의 수필 강의를 들으며 여행은 또다시 계속 되었다. 세미나에 참석하느라 전국을 누비는 여행이 다시금 시작된 것이다. 몇 해 전에는 한국수필가협회 회원과 몽골여행도 했다. 사람들은 날보고 이렇게 염려를 해준다. 그렇게 돌아다니면 글은 언제

쓰느냐고 묻는다. '여행이 바로 살아가는 방편인 걸요' 웃으면서 대답이야 하지만, 한편으론 그리도 걱정이 되면 당신이나 많이 쓰시지요 라고 말해주고 싶다.

그러나 2009년 7월 15일 새벽 1시경 문자가 왔다. 선생님께서 14일 늦은 밤, 먼 길을 떠나셨다는 소식이다. 내가 암수술 끝에 보름 만에 퇴원한 날이다. 아슬아슬 마지막 인사를 드릴 수 있었다. 내가 한창 건강하고 예쁘던 20세 때에 재미있는 여행길을 열어주신 선생님, 선생님과 함께하던 그리운 여행은 이제 아쉬움으로 끝나고 사진 속에서 추억으로만 남게 되었다.

선운사 가는 길

선운사 가는 길에 서정주님의 시비가 발길을 잠시 멈추게 한다, 선운사 입구 넓은 길에는 벚꽃이 만발하여 파란 하늘을 수놓고 있다. 흐드러지게 피어 화사한 꽃길을 걷는다. 옆으로 흐르는 시냇물은 천년을 넘어 흘러 왔음에도 소리도 기척도 없이 그저 흐르고 있다. 흐르는 물소리가 없어 머무르고 있는 고인 물인가 살펴보니 억새풀 사이로 물은 쉬지 않고 흐른다. 냇가 언덕 위에 큰 바위가 서 있고 푸른 이끼가 낀 위로 분홍빛 진달래가 한 그루 피어있어 물위에 꽃그림자를 드리우고 있다. 봄을 함께 걷고 있는 나는 분홍의 꽃빛깔 투피스를 입고 선운사 오르는 길목을 따라 봄을 반긴다.

대웅전 뒷산에 동백꽃들은 선명한 다홍빛으로 사랑하는 님의 마음처럼 빛나고 대웅전 앞에는 노오란 수선화가 저녁 햇살을 받으며 나비처럼 팔랑거린다. 사람들의 발길이 닿는 곳엔 아름다운 꽃부리까지도 잡초처럼 밟힐가 두려워, 선운사 뒷산엔 철조망 울타리가 동백숲을 지키고 있다. 동백은 저희끼리 숲을 이루고 비탈진 곳에 꽃잎을 떨구면서 나뭇잎과 함께 세월을 쌓아가고 있다.

삼천 그루의 동백은 그래서 산자락 붉게 물들이며 마음껏 피어나고 빠알간 꽃잎은 노오란 꽃술을 거느리고 따가운 햇살을 받으며 길손에게도 정다움과 겸손까지 함께 나누면서 정답게 살아가라고 말해 주고 있었다.

극락교는 저편으로 돌다리를 이어 먼 길을 꿈꾼다. 파란 새싹들이 아지랑이처럼 피어오른다. 맑은 물은 또 이곳 돌다리 밑에 누워 우리를 건너게 한다. 다리 이편은 이승이요 저 곳은 저승, 사리탑들이 조용히 잠들어 있다. 우리 중생들과는 다른 삶을 살다 가신 큰스님들의 삶을 생각하며 잠시 고개를 숙인다. 하늘을 향해 쭉쭉 뻗어있는 전나무는 꼿꼿한 자존심을 세우면서도 가지를 뻗어 화해의 손길을 나누고, 그 옆의 단풍나무는 단단히 세월을 껴안아 굵은 줄기를 꼬고 있다. 오래되어 고목이 된 높은 가지의 벚꽃나무는 흘러간 부귀영화가 그리운 듯 하얀 꽃잎 몇 개를 달고 봄 잔치에 참여하고 있다. 석양이 기울어 가는 사이 사리탑은 길게 그림자를 드리웠고 이내 캄캄한 밤이 이 산을 찾아올 것이다. 소쩍새 뻐꾸기 울음은 차마 울지 못하여 더덕의 향기가 천지에 진동한다.

시냇가 언덕 바위에 걸터앉아 느티나무의 뿌리를 바라본다. 시냇물 따라 흐르는 듯 뿌리는 바위를 닮아 굳어가고 나무들의 뿌리는 내가 태어난 훨씬 이전으로 내 어머니의 고향을 찾아 한참 더듬어야 하는 연륜으로 냇가를 지키고 있다. 밤이 기울면 개구리 울음소리가 들릴까 기대했지만, 이 고장을 찾아온 꽃놀이 나온 상춘객이 너무 많아 하는 수 없이 우리 일행은 시내로 들어가 숙소를 정했다. 다행히도 물은 온천수처럼 매끄러워 부드럽고 개운하다.

따끈한 온돌방에 등을 대고 누우니 어느 틈엔가 잠이 쏟아져 온다. 한동안 잠에 취한 듯 했으나 자동차 지나가는 소리가 잠을 깨우고 포물선을 그리며 멀어져 간다. 산 속에 있었다면 조용함 속에서 잠을 청했을 테지만, 밤새도록 자동차소음이 너무 커서 자주 많이 놀라기도 했다. 그러나 계속해서 잤기에 아침에는 개운했다. 일년내내 자동차 소리에 섞여 사는 서울살이에서 단 하루만이라도 산 속에서 지내고 싶었으나 그만 아쉬운 하룻밤을 보낸 셈이다. 선운사 입구에 함께 온 일행들이 머물던 여숙에서 맛있는 산나물을 맛보았으니 그나마 다행이다. 구수한 두부를 둥둥 띄운 막된장국과 도라지나물, 뚝배기에 가득 넘치는 계란찜과 풍천장어, 상위의 음식이 내 어릴 적 고향의 맛처럼 구수하다. 잊고 있었던 고향의 맛을 이토록 먼 곳에서 맛보게 되다니, 이곳이 내 고향이었으면 하는 아련한 그리움이 내 마음을 부채질한다.

하얀 벚꽃이 만발한 꽃길은 산 속의 신선한 공기에 더욱 크게 눈뜨는 듯하다. 우리 일행은 함께 선운요를 찾아 벚꽃잎 날리는 어두운 길을 따라 초롱초롱 빛나는 별빛을 밟으며 청자빛 짙은 산길 따라 한참을 올랐다. 산등성이에 걸린 초생달은 그 집 앞마당에 떨어지고 하얗게 부추꽃 피어나는 뜰가에 근대며 아욱이며 상추잎 솎아낸 식구들의 내조가 보인다. 고운 바람 쉬어가는 봄밤의 고목나무 아래에서는 작은 풀꽃들이 고개를 살래살래 흔들면서 조용히 피어나고 있었다.

소나기 내리는 길목에서

후두둑 둑 둑 시작하는 빗소리는, 동서남북 그리고 가운데까지 노크를 하면서 시작한다. '뚝 뚜둑 뚝뚝뚝' 떨어지다가, 갑자기 '쏴아' 하는 소리와 함께 빗소리가 온 천지를 다 덮는다. 나뭇잎도 흔들린다.

갑자기 비를 만난 사람들은 잠시 빗줄기를 바라보는 낭만을 갖게 된다. 추적추적 내리는 비가 사람의 마음을 차분하고 여유가 있는 것처럼 만들어 주기 때문에 바쁜 발걸음도 멈추게 된다.

길을 걷다가 갑자기 소나기를 만날 때는 발목을 적시는 차가운 빗줄기가 싫기는 하지만, 어디 찻집으로 들어가 커다란 창문을 통해 시원하게 떨어지는 빗줄기를 바라보고 있으면, 마음을 조용히 가라앉히는 즐거움이 있어 소나기 내리는 여름을 좋아하는 편이다.

갑자기 내리는 소나기는 성미가 급해서 수선스레 내리기를 잘한다.

소나기는 사람들의 메마른 가슴에 아름다움을 심어주고, 모르는 사람과 잠깐이라도 우산도 같이 쓰고 갈 수 있는 낭만을 가져다준다.

적당한 굵기의 모시발이 하늘에서 땅으로 한꺼번에 줄을 잇는 듯 경쾌한 소리는 환상의 악기가 되어 내가 있는 곳에 골고루 정답게 들려온다.

한동안 내린 소나기는 줄기찬 시냇물을 이루며 굽이쳐 흘러가고 방울방울 내리는 비는 고여 있는 물위에 동그라미를 그리느라 물안개 속에서 바쁘기만 하다.

뜨거운 대낮에 시원한 소나기가 한차례 지나고 나면 길거리도 시원하게 식혀주고 나뭇잎에 앉아 있는 먼지까지도 말끔히 씻어 준다.

저녁노을이 질 때는 하늘빛도 고와서 황홀한 주홍빛 물감으로 물을 들인다. 선명하여 아름다운 여름날의 노을빛. 비 개인 날의 맑은 색감, 그저 바라만 보아도 가슴이 뛴다.

나풀거리는 싱싱한 잎새와 선명한 빛으로 다가오는 산의 푸르름, 길거리에 묵묵히 서 있는 가로수마다 울려 퍼지는 푸르름의 낭만, 화음이 잘 맞는 노랫소리가 기쁨의 대합창으로 들려오는 여름은 참으로 싱싱한 계절이다.

나를 휘감고 맴도는 끈적끈적한 무더위의 여름은 할 일이 가득 쌓인 듯 바쁜 느낌이 든다. 더구나 나처럼 추위를 타는 사람에게는 무더운 여름이 오히려 고마운 선물이다. 여름의 태양빛이 사람의 그림자를 거부한다 해도, 나는 언제나 여름이 좋다. 덥다고 해도 나는 용감한 사람처럼 선뜻 외출을 하는 것이다.

삼복더위에 뜨거움은 사람의 그림자를 거부하여 모두를 그늘 속으로 감추어 버린다. 모두가 숨어 들어갔는지 대낮의 길거리는 한산하다. 아스팔트마저 물렁물렁 녹아버리고 떠들썩하게 놀던 꼬마들의 놀이터에도 아이들의 그림자는 보이지 않는다.

내 그림자를 보니 양산이 저 혼자 걸어가는 듯 내 그림자는 양산 속에서 나오질 않는다. 가끔씩 한쪽 팔의 그림자가 살짝살짝 보이며 걸음을 재촉하고 있다. 날씨가 더운 탓인지 발가락에 커다란 꽈리 모양의 물집이 생겨 아프긴 해도 아랑곳하지 않는다.

찌는 듯한 여름이 되면 시원한 곳에서 낮잠을 즐긴다든지, 차게 식혀 둔 잘 익은 수박과 참외를 먹어가며 얼음 띄운 음료수 마시면서 독서를 한다든지 모처럼의 여유를 부려보는 것도 좋은 일이겠지만 이마에 흐르는 구슬땀이 오히려 즐겁다.

땀을 흘리며 무엇엔가 열심히 몰두하는 것이 얼마나 보람있는 일인가를 느끼게 되고, 여름에 흘리는 땀은 흘리는 분량만큼 시원함을 느끼게 되므로 역시 한 여름에 흘리는 땀이 제일이라는 생각을 갖는다.

어느 날, 여름방학을 앞둔 학창시절이었다.

집안에서 다소곳이 앉아 책이나 읽을 것을 다짐하다가 장독대를 바라보게 되었다. 가지런히 줄 맞춰 대여섯 줄로 정돈되어 있는 장독대. 크고 작은 순서대로 여러 개의 항아리가 줄지어 있었는데, 그 중 가장 큰 항아리에서 반짝하는 그 여름의 태양빛이 내 눈과 마주쳤다.

반짝하는 그 빛이 무슨 뜻이 있을 리 없었을 터인데, 나는 그 빛의 느낌을 감당하지 못해 참으로 견디기 힘들었던 기억이 난다.

이제 생각해 보니 그런 것이 여름 태양빛에서 반사되어 나에게 전해오는 방랑기질이 아니었나 하는 생각을 하게 된다. 여행이 무엇인지도 모르고 고등학교 수학여행 때에 비로소 기차를 타보았던 쑥맥이 매년 여름방학만 되면 팔도강산 어디든지 다니고 싶어 무던히 애를 썼다.

그 때만 해도 1960년대였으므로 여자가 밖으로 돌아다님을 상서롭지 않게 바라보던 시절이었건만 나에게 용기가 있었던지 아니면 한 발 앞서가는 여자이고 싶었는지 알 수 없지만, 여행을 포기한 친구집에 찾아가 친구 어머니께 간청을 드리고 여행지에서 꼭꼭 붙어다닐 것이니 염려하지 마실 것을 말씀드린 결과 쾌히 승낙을 받게 되어 즐거운 여름여행이 시작되었다.

용돈을 넉넉하게 받던 시절이 아니었으므로 일 년 동안 꼼지꼼지 모아두었던 돈이 단 며칠 사이에 여행비로 들어간다고 해도 나름대로 보람 있는 일이라 생각하여 푼돈 아껴 모았다가 여행을 했다.

교수님 따라 크고 작은 섬들을 찾아 방언조사를 하면서 여름을 지냈다.

산골짜기에 다다르면 어둑어둑한 산그늘에서 노란 달맞이꽃 바라보는 즐거움과 도란도란 얘기 나누는 시냇물 소리 곁에서 밤을 지새우면서 우리 조상님들의 발자취를 방언에서 찾아내느라 부산하게 지냈다.

틈만 나면 뙤약볕 내리쬐는 정류장 길가에서, 시외버스를 기다리는 짧은 시간마저도 그림을 찾아내느라 열중하던 그 때의 선배들도 지금은 육십 줄을 넘어 팔십을 바라보는 나이가 되었을 것이다.

나도 그 때는 날씬한 여학생이 되어 아름다운 미소를 머금고 있었지만 이제는 두리뭉실한 아주머니를 넘어 할머니 소리를 듣는 나이가 되었다. 예전에 철없던 시절에 다녀두었던 여름여행은 오늘을 힘있게 살아가는 원동력이 되어 뜨거운 여름이 오고 있는 것을 즐거움으로 받아들이고 있다.

태양빛이 뜨거울수록 푸른 들판에 농사일이 잘 될 것이고 적당히 비만 내려준다면 한시름 덜어주는 고마운 여름이 될 것이다. 지금도 여름이 오면 그 어느 계절보다도 가장 씩씩하고 건강하게 지내고 있는 나를 보면서 미소를 짓고 있다. 이 여름을 기대하면서 아름다운 자연의 조화를 그려본다. 시원한 소나기 내리는 여름이 오고 있다.

수업중인 내 인생

서서히 밝아오는 아침, 창문을 열고 하늘을 우러러 볼 수 있는 마음은 우리 정서에 필요한 일이다.

모두가 잠자리에 있는 이른 새벽에 먼 산 너머에서 떠오르는 아침 하늘을 일주일에 한 번이라도 바라볼 수 있는 여유가 있으면 좋겠다. 연연하게 떠오르는 하늘빛, 때로는 주홍빛으로 불타는 듯 신비한 하늘빛은 사람의 마음을 정화시키고 활기 있는 시작을 열어주기 때문이다.

아침 하늘을 바라보며 순수한 감정으로 인생을 살고 싶다. 진심으로 정갈한 자연의 섭리를 존중하면서, 사람이 살아가는 방법을 생각해 본다. 우리 모두가 함께 살고 있는 이 시대는 참으로 고맙지 않은 것이 없는 세상이다. 간단한 기계 하나 내 손으로 만들지 못하면서 문명의 혜택은 한껏 누리고 산다. 내가 살고 있는 현실에서, 서로를 배려하는 것은 우리가 기본적으로 갖추어야 할 기본 의무이며 자세이다. 그러기에 서로의 마음을 가꾸기 위해 내 집 정원은 물론 길거리에 나무를 가꾸고 꽃을 심는 것이다. 심성이 고와야 순수한 삶의 가치를 깨우치기 때문이다.

내 마음대로 내 편리한 대로 사는 것은 민주사회의 자유가 아니다. 남에게 피해를 주지 않는 배려, 이것이 바로 민주의식이기 때문이다. 그런데 인간이 갖게 되는 오류는 문학의 의미를 이해하지 못하는 데에 그 이유가 있다. 문학을 떠나서 사는 마음은 정서적으로 경직되어 메마른 마음이다. 문학정신은 사람에게 좀 더 넓은 안목을 갖게 하고, 내 자신과 내 이웃을 함께 생각하는 마음으로 아량과 포용력을 심어줄 것이다. 그러므로 문학은 우리 마음에 평화를 깃들게 한다.

요령 위주로 기회주의적인 기류를 타고 다니는 일은 권모술수에 능한 면은 있을지라도, 한편으로는 야비한 일임에 틀림없다. 그런 것들은 문학의 본질이 될 수는 없다. 문학을 하는 사람중에도 인간이하의 본성이 잘못되어, 태어날 때부터의 성질도 있기는 하다. 세월이 훨씬 흐른 뒤에도 비난받는 인간들은 계속되고 있다.

불의를 보거나, 정당치 못함을 보았을 때, 마음이 답답하여 난감함을 느낄 때, 이해할 수 없는 비리를 보게 될 때, 나는 만감이 교차하는 불편함을 느낀다. 이럴 때 문학을 생각한다. 그리고 잠시나마 머리도 식힐 겸 마음의 갈등을 가라앉히기 위해 정서의 함양을 도와주는 자연을 찾는다. 마음에 여유를 갖게 되거나 마음의 평정을 찾게 되면 판단력이 삐뚤어지지 않을 것이다.

소설이나 수필 속에 등장하는 사람들의 감동적인 이야기를 듣게 되면, 인간의 감동과 갈등을 함께 느끼게 된다. 또한 사회에서 받게 되는 냉대의 서늘함도 간접적이나마 느낀다. 그 누구도 내편이 될 수 없는 차갑도록 무서운 현실의 한가운데에서 주인공이 되어 미지의 세계를 체험한다. 이것이 바로 문학이 주는 커다란 힘이다. 한편의 작품 속에서 우리에게 주는 감흥은 다의적이고 단순할 수도 있으나, 시간이 흐르면서 작중 인물이 겪는 심리의 뒤안길을 이해하게 되고, 남의 아픔이나 정서를 내 것처럼 느낄 수 있다. 이런 점이 바로 문학작품의 목적일 것이다.

무심히 불어오는 바람소리에 귀 기울일 수 있음은 역시 문학을 이해할 수 있는데서 오는 정서일 것이다. 어린 날의 추억은 한 편 한 편의 서정성이 있으므로 우리는 그 추억만 가지고도 가슴 설레는 감성을 느끼게 된다.

황혼이 물드는 잔잔한 저녁노을, 은은한 꽃향기, 평화로운 굴뚝의 연기, 옹기종기 이마를 맞대고 앉은 그림 같은 시골마을, 비 오는 날의 기와지붕, 행주치마 두른 우리 어머니 모습, 흰눈이 소복소복 쌓이는 장독대, 울타리 너머로 보이는 작은 텃밭, 동네 어귀의 늠름한 느티나무, 모두가 아련한 향수에 젖어들게 한다.

살아가는 삶의 폭이 넓어서 정감 있는 분위기의 사람을 보면 고운 눈길을 보내야 한다. 질투의 눈길로 비난하거나 비뚤어진 마음으로 헐뜯어서는 안 된다. 내가 서 있는 편이 아닌 다른 쪽의 일이 훨씬 이익이 온다 해도 정의감을 지키면서 중심을 잡도록 노력해야 한다. 발 빠르게 옮겨 다니지 않는 인간의 질서도 문학에서 얻어진다고 본다. 만약 내가 본래 의도와 다른 결과에서 번뇌하는 일이 있다면 그것은 아직도 나의 문학 수업이 부족하거나 수양이 덜 된 탓이라 생각한다. 아니면 정의롭게 살고 싶은 나의 단면이 잘못 비춰질 수도 있었을 것이다. 아름답게 비춰지고 싶은데, 그 역할이 잘 안 되는 것이 인생살이이다.

가까운 사람에게 피해를 끼치는 사람, 잘 되는 사람을 보면 샘이 나서 안달을 하는 샘바리 근성 정말로 진저리가 난다. 피곤한 근성을 버리지 못하고, 사사건건 상대방을 깎아내리는 사람들도, 고운 마음으로 개과천

선할 수 있기를 바란다.

개과천선은 쉬운 일이 아니므로 천성이 고운 사람들이 내 옆에 지금처럼 남아있어야 한다. 한껏 기대해 보아도 소용없는 악인이라면 차라리 내 곁에서 멀어지는 일이 훨씬 나을 것이다. 때에 따라서는 내 자신부터 개과천선해야 할 일이 있었을 것이다. 나는 그 숙제를 풀기 위해 문학적인 분위기에서 인생살이 수업을 받는 기분으로 살고 있다. 어쩌면 모두가 함께 받아야 할 필수과목의 수업일 것이다.

3

어머니의 하늘

어머니의 하늘

구름 한 점 없이 고운 하늘을 보니 어머니에 대한 그리움이 인다.

이제 인생의 반 이상을 살아온 나이에도 부질없는 그리움이 일고 있으니 아직은 젊은가 보다. 그리움이란 젊은 나이에만 생기는 것은 아니다. 나이가 들면 들어갈수록 회한의 그리움을 배경으로 하나씩 둘씩 고개를 들기 시작한다.

오늘도 맑고 고운 하늘을 보며 그윽한 마음으로 먼 하늘을 본다. 어머니의 모습을 그리며 내가 자라나던 그 집에 가서 대문을 사르르 열고 들어선다. 한옥집이라서 대문 열리는 삐걱! 소리가 경쾌하다. 아랫방 군불을 지피던 아궁이엔 그대로 훈기가 남아있고 잔잔한 불씨는 세월을 살고 있다. 중문을 지나 우물가에 가서 맑은 물을 그득히 퍼 담아 시원한 물에 텀벙 발을 담근다. 내가 신었던 신발까지 말끔히 닦을 때쯤이면 어머니의 모습이 나를 보고 조용히 웃으신다. 집안을 둘러보니 부엌 선반에 얹혀있는 크고 작은 시루들이며 마루에 있는 뒤주 위에 백항아리들까지 모두가 그 자리에 그대로 있다. 우리 집의 구수한 된장 찌개냄새가 나는 듯하고 소나무 장작의 신선한 향내를 맡을 수 있고, 앞마당에 피어 있는 활연화의 알싸하고 매큼한 꽃내음까지 밀려온다.

절절한 그리움에 젖다보면 어느 때는 허상을 보는 수도 있다. 얼마 전의 일이다. 버스를 타고 가다가 무심코 차창 밖을 내다보다가 많은 사람들 틈에서 우리 어머니의 치맛자락을 보았다. 내가 사드렸던 작은 꽃이 다문다문 수놓아진 똑같은 보라색 그 꽃신을 신으셨고 한편으로 살짝 여미어진 치맛자락이 바람에 가볍게 날리고 있었다. 치맛자락 위에 살포시 얹혀있는 손등을 보니 우리 어머니가 틀림없다. 손가락에 끼어있는 가락지의 모양이며 색깔마저도 꼭 같다. 가운데 손가락에 일반지와 무명지에 끼어있는 백금 쌍가락지까지 덥석 잡아보고 싶었던 우리 어머니의 손이다. 얼굴을 보니 피부색이며 표정까지도 우리 어머니이다. 나의 가슴은 마구 뛰기 시작하고 눈시울이 뜨거워져서 앉은 자리에서 꼼짝을 못하고 그대로 앉아 있었다.

내가 타고 있는 버스가 서서히 정류장을 벗어나고 사람들이 차츰 멀어져 보이지 않게 되자 그때서야 후회가 되었다. 차에서 얼른 내릴 것을, 그래서 우리 어머니를 더 많이 볼 것을, 어디까지 가시는지 조금이라도 따라가며 더 볼 것을…….

지금도 차를 타고 다닐 때에는 우리 어머니와 비슷한 모습을 다시금 보게 되기를 기대하면서 창밖을 본다. 잠깐 스치듯 지나더라도 그 때 보았던 어머니의 모습을 보고 싶다. 그리고 그 손이라도 한 번 잡아보고 싶다. 살아 계실 때에는 느끼지 못하던 그리움이 날이 갈수록 회한으로 밀려온다.

나는 어머니의 모습을 예쁘다고 생각지는 않았다. 다른 사람들이 어머니를 곱다고 하면 으레 부정을 하는 못된 버릇이 있었다. 어머니의 어디가 예쁘다는 것일까 늘 생각해 보아도 알 수가 없었다. 내 안목이 얕은 것도 있고, 어머니의 사랑을 받고 싶은 욕구가 충족되지 않아 그렇게 억지 생각으로 반항을 했던 것이다.

그러나 나에게 단 한 번의 느낌이 있었으니 그 때가 바로 어머니의 임종 때였다.

친척 모두가 밤을 지새우고 어머니의 마지막 모습을 지키느라 조용히 앉아 있었다. 스님이 정해주신 그 시각, 아침 7시가 되기 전이다. 며칠 동안 주무시는 듯 눈을 감고 계시던 눈을 조용히 뜨시더니 누군가를 찾으시는 것 같다. 외아들인 남동생이 곁에 앉으니 그제서야 눈물을 주르르 흘리시며 한동안 우신다. 그리고는 아무 말씀도 없이 그만 숨을 거두신다.

흡사 주무시는 듯 평화로운 표정에 잔잔한 미소까지 머금어 살아계신 것 같아 자꾸 쳐다보았다. 금방 눈을 뜨고 무슨 말을 할 듯이 보였다.

우리 모두를 끝없이 사랑하시기에 그랬을까, 누구에게도 큰 소리 한 번 치지 못하는 성품이기에 그럴까. 한평생 사시며 남이 누리는 복을 다 누리지 못하여 죽음복을 타고 나신 것일까. 어머니의 모습이 너무 아름다워 차마 이별할 수가 없을 정도였다. 이런 마지막에서야 어머니의 모습이 아름답다는 것을 느끼다니. 영혼이 육신을 떠났음에도 어찌 그리 고울 수가 있을까.

어머니가 살아 계실 때 어머니의 모습을 곱다고 수긍하면서 대했더라면 얼마나 좋았을까. 이토록 부끄러운 나의 모자람들을 어떻게 거두어들일까.

이 셋째 딸의 투정을 어머니는 열두 폭 치마로 감싸주시며 그대로 받아주시기만 했었다. 어릴 때는 반항하지 않는 성격이기에 나만 데리고

도망하고 싶다는 말씀까지 하셨는데도 어머니만 보면 엄마의 어디가 예쁘냐고 버릇없이 어리석은 질문을 했다.

나의 부족함이나 못마땅한 면을 보신다고 해도 그저 안쓰러운 마음으로 감싸주시는 온유한 어머니의 성품이 아니었던가. 이 세상 어디에 나를 그처럼 이해하시고 감싸 주실 분이 또 있으랴. 내가 어떤 실수를 한다 해도 어머니 앞에서는 모든 것 다 스스럼없이 말씀드릴 수 있었던 사실들을 이제서야 깨닫게 되다니. 어머니와의 속내 이야기들을 어느 누구에게 대신할 수 있을 것인가.

어머니! 회갑잔치가 끝난 며칠 뒤였습니다. 꽃다발을 목에 두르시고 찍은 사진이 유난히 환하게 잘 나왔습니다. 그 사진을 우리 자식들에게 한 장씩 나눠주고 싶으셨지요? 그러기에 저에게도 전화를 하셨습니다. 그 사진 한 장 더 빼서 주랴? 하시며 물으셨지요. 그러나 어리석은 저의 대답은 어머니의 심정을 헤아리지 않은 채 '엄마의 사진은 많이 있는데요, 괜찮아요' 했습니다.

이 말이 어머니의 사랑을 끝까지 거절하는 결과가 되고 말았습니다. 이제와 후회한들 무슨 소용이 있겠습니까. 어머니를 꿈속에서라도 한 번 만날 수 있다면 이런 말씀 꼭 드리고 싶어요. 엄마 사진이 참 곱고 멋이 있어요. 그 사진 한 장 갖고 싶어요.

이 어리석은 딸은 못난이가 되어 하늘빛을 보고도 어머니의 빛깔이라고 생각하고 있으니 이제서야 조금씩 철이 드나 봅니다. 모든 사람들이 내 말에 시큰둥 한다고 해도 어머니 한 분만은 늘 저의 편에 서시어 있는 그대로 믿어주셨습니다. 모자람이 많은 딸을 믿으신 겁니다.

이런 모든 이야기들이 날이 갈수록 가슴에 맺히어 이제는 긴 한숨이

나옵니다. 어머니 저를 이렇게 곱게 살 수 있도록 이끌어 주신 것 진정으로 고맙습니다. 어머니, 저는 왜 이렇게 늦게서야 깨닫는지 모르겠어요. 지금이라도 우리 어머니 참 곱고 예쁘시다고, 살아계실 때 '우리 엄마 정말 예쁘시네요' 라고 한마디 했다면 얼마나 좋았을까요.

여름 느티나무 그늘

혼자 손에 살림을 하면서 집을 비운다는 것은 쉬운 일이 아니다. 한 번 쉬어야겠다고 생각하며, 하루종일 아무 일도 안하고 있으면 설거지며 아이들 셋이서 번갈아 가며 벗어놓은 빨랫감들이 수북히 쌓이게 된다.

열심히 일하면 표가 나지 않으나 게으름을 피우면 금새 표가 나는 것이 집안 살림이다. 더군다나 주부가 저녁나절에 외출을 한다는 것은 어렵다. 공부하는 일이라 해도 이해해주는 사람이 드물다. 그러나 하루면 24시간, 일주일이면 168시간이 되는데 그 중에 4시간만 허용이 된다면 배우러 다닐 수 있다.

오가는데 2시간, 강의 듣는데 2시간이면 충분하다. 문제는 집안 식구의 이해이다.

문화센터에 다니게 되면서 안방구석에 놓였던 장식품 대신에 책상이 자리를 잡게 되었다. 잡지나 책을 읽을 때나 가계부를 쓸 때도 책상에 앉아서 하면 내 자신도 훨씬 편하다.

아이들도 엄마 책상 위에다 가정통신이며, 부탁하고 싶은 연락장을 두기도 한다. 문화센터에 가는 날이 가까워지면 생활에 활력이 생겨 재빠르게 움직이게 된다.

2시간에 할 수 있는 일이 1시간이면 끝나게 된다. 저녁시간의 외출이니만큼 무척이나 바쁘다.

나갈 수 있는 준비를 다 해놓고도 미안한 생각이 들어 애들에게 묻는다. "애들아, 너희들 시험도 있고 한데 오늘은 나가지 말까?"하면 시작한 일은 끝을 맺어야 한다며 끝까지 다니라고 한다. 저희들이 학원에 다니면서 빠지면 잔소리를 하는 엄마가 그러면 되겠느냐며 오히려 격려를 해준다. 아이들 의견에 용기를 내어 집을 나선다. 초여름 바람결이 한결 부드럽다. "네가 무슨 작가가 되겠다고 집을 비우니, 애들이나 잘 보려므나"하는 언니의 따끔한 이야기와 얼마나 좋은 취미냐며 계속하라는 친구도 있다. 미안하며 송구스럽게 들리는 이야기는 흘려버리고 나를 챙겨주는 말만 간직하며 차에 오른다.

길가에 있는 나뭇잎이 엊그제보다 훨씬 더 푸르다. 어제 내린 비는 잎새를 더욱 푸르고 싱그럽게 만들어 놓았다.

강의실에 들어서면 대화를 나눌 수 있는 사람들을 만난다. 여태껏 내가 만날 수 있던 사람들은 학교 친구, 집안 식구, 동네사람들로서 일정한 사람들만 만났지만, 이곳은 직장인을 비롯해 직업과 나이가 각양각색이다.

어느 남자 분은 하루도 빠짐없이 술을 마시게 되므로 하루만이라도 안 마시려고 나오게 되었다고 한다. 하루 술값이 보통 3만원이 넘을 때가 많은데 이곳 수강료는 석 달에 3만 원이니 얼마나 좋으냐고 하신다. 책읽기 좋아해서 나오게 되었다는 아가씨도 있으며, 학창시절부터 소질이 있었으나 아이들 키우느라 바쁘게 살다가 잠시 시간을 내어 나오는 주부도 있다. 지금 당장 작품은 쓰지 않아도 나중에 쓰기로 하고 이곳에서 인생을 배우며 더욱 진지하게 살아가는 자세를 갖게 되었다는 분도 있다.

우리가 살고 있는 현실을 해가 쨍쨍 쬐는 뜨거운 여름이라 비유한다면, 시원한 그늘을 찾아 잠시 쉴 수 있는 곳을 찾게 되는데 그곳이 바로 문화센터라는 생각이 든다.

땀 흘려 열심히 일하던 손을 멈추고 쉴 수 있는, 어느 마을의 느티나무 그늘이라는 말을 붙이고 싶다. 그곳엔 시원한 그늘과 다정한 이웃들이 있으며 청량감을 불어넣어주는 매미의 울음소리도 있다. 지난해보다는 더 좋은 열매를 맺기 위한 농부들의 이야기도 귀담아 듣고 싶어진다. 신선한 바람결에 좋은 경험과 이야기를 나누며 충분한 휴식을 취하고 나면 더욱 나은 내일이 있다고 자부해 본다.

여보 나무가 왜 저래

시간이 나면 산에 오르고 싶다. 자연만큼 우리의 심신을 밝고 건강하게 해주는 것도 없기 때문이다. 우리 주위에는 아름다운 산이 있기에 높은 산봉우리에 올라가면 하늘이 손끝에 닿을 듯하다. 그 신선한 공기의 청량감 앞에서 가슴이 탁 트이는 기쁨을 감추지 못해 건너편 산을 향해 메아리를 보낸다.

내 목소리가 되돌아오는 대답이긴 하지만, 언제나 신비의 속삭임을 기대하며 메아리를 보낸 경험이 있을 것이다. 자연은 이렇듯 우리 마음의 빗장을 스스로 열게 한다.

오랫동안 외국에서 살다온 이웃에게 물었다. 외국에서도 가로수를 저토록 무모하게 자르냐고 했더니 아니라고 한다. 김포공항에서 집으로 오는 길에 그 여인이 이상하게 보았던 것이 가로수였다고 한다. "여보, 나무가 왜 저래?" 하고 물으니 남편의 대답은 "글쎄, 한국에 오니 별 이상한 나무가 다 있군." 마치 두 팔을 잘린 듯한 가로수를 보고 공포감마저 느졌다고 한다.

오존층 파괴라는 단어가 낯설지 않은 요즈음, 자동차 배기가스가 그대로 공중으로 올라가 나뭇잎 사이에서 정화작용을 하게 되면 서울의 공기는 조금이라도 맑아질 것이다.

태풍이 불게 되면 나무가 쓰러질까봐, 간판이 가려진다 해서 나무를 아예 없애 버리기도 하고 나뭇가지를 모조리 잘라버릴 수밖에 없다고 하지만, 나무뿌리가 깊이 있게 자랄 수 있도록 공해에 찌든 흙 살짝 걷어내고 새 흙과 비료도 넣어주고 헝클어진 머리 고운 빗으로 빗어주듯이 흙을 부드럽게 해주는 배려가 필요하다. 가로수 밑둥에 받쳐준 철판은 몇 년째 방치해 두어서인지 나무 밑둥이 쭈그러들듯이 힘들게 자라고 있다.

우리 동네의 가로수도 벌목대상이었다. 자동톱으로 장비를 갖추고 나뭇가지를 마구 자르던 날, 나의 강력한 반대로 중지되었다 태풍이 불면 나무가 쓰러질까봐 잘라야 한다는 것이다. 그렇다면 태풍이 부는 날 나는 두 팔 벌리고 길가에 서서 사람들을 지나가지 못하게 막을 거라고 말했다. 내 얘기를 들어준 구청직원에게 감사하는 마음이지만 언제 다시 잘릴지 모르니 불안하다.

한번 자르고 나면 원래의 모습은 찾기 힘들고 기형적인 모양의 나무가 된다. 나무의 모양은 몇 십 년의 연륜으로 만들어지는 것이지 전기자동톱으로 자른다 해서 준수한 모양이 되는 것은 절대 아니다. 날아다니는 새는 나뭇가지 어디쯤 집을 짓고 있는지 살펴보면 전지를 어디까지 해야 하는지 알게 된다. 새가 깃들 수 있도록 나뭇가지는 그대로 두어야 한다.

전지를 하는 것도 나무가 다 자라기 전에 적절한 시기가 있는 것이다. 다 자란 나무는 자르지 말아야 한다. 미적 감각도 없는 어설픈 지식으로 생명의 존엄성을 무시하는 것과 꼭 같은 상황이다. 전지작업이 아니라 어설픈 벌목이다. 그런데도 고쳐지지 않고 거듭되어 계속하고 있다. 시골길 나무는 더욱 심해서 뭉텅 잘려 전봇대처럼 나무등치만 서 있다. 미적 감각으로 보면 100점 만점에 10점 정도가 안 되는 하급수준이다.

나무란 본래 10년이 넘어야만 제대로 뿌리를 내리는 것이고 가지의 모양도 자리를 잡는 것이다. 몇 해 전 예천에서 세미나가 있었다. 그리고 세미나가 끝나면 가까운 곳에 관광을 겸하게 된다. 그곳에서 만났던 소나무의 자태는 참으로 놀라웠다. 검푸른 소나무의 잎새가 우리를 압도하며 가지를 뻗어오고 동서남북으로 뻗은 나뭇가지를 돌기둥이 받치고 있었으며 나무를 보기 위해 버스를 타고 돌아볼 정도로 큰 나무였다. 참으로 싱싱하고 우람한 소나무였는데 주민등록번호까지 있다고 한다. 마음껏 크게 자라고 있는 늠름한 소나무였다.

요즈음은 잘못을 너무 많이 저지르고 있는 것 같다. 건물을 짓거나 아파트를 지을 때 제일 먼저 나무부터 자르고 난 뒤, 나무 한 그루 없는 황당한 황무지를 만든 다음에 건물을 짓는다. 건물을 짓기 전에 나무를 남겨두는 일은 절대로 하지 않는다. 나무를 한 그루도 남기지 않고 모조리 싸악 없애야 건물을 짓는다.

우리의 잘못이 무엇인가를 보려면 삼각지 근처에 가면 알아볼 수가 있다.

외국인은 나무들이 클 수 있을 만큼 공지를 남겨두고, 건물 옆이라 해도 마음껏 자랄 수 있도록 그대로 두었다. 물론 예쁜 나무를 심지 않았다고 해도 자연 그대로의 나무를 존중하는 푸른 숲이 빼곡하게 우거져 있었다. 그러나 그 옆의 한국인 관할의 땅은 용도가 바뀔 때마다 나무 한그루 없는 황량한 벌판을 만들어야 건물을 짓는다. 건물만 우뚝 서고 나무는 작다. 이런 시행착오는 언제쯤에 시정이 될 것인지. 나무의 수명을 너무 쉽게 보는 현실이 안타깝다.

건물을 짓기 전에 나무의 생태를 존중하는 분이 있으니 경희대학교 총장이셨던 조영식 박사이시다.

학창시절에 친구들과 모여서 벚찌를 따느라 나뭇가지에 손을 뻗치고 있을 때 총장님의 차가 잠깐 멈추는 듯하다가 지나치는 것을 눈치챌 수 있었다. 대학생인 우리들에게 인격을 존중해 주시느라 주의도 주지 않고 그렇게 지나치신 것에 존경하는 마음이 저절로 생겼다.

또한 교내에 건물을 짓기 전부터 오래전에 미리부터 나무를 심고 가꾸던 분이었기에 오늘까지도 아름다운 교내경치가 수려하다. 외국에 갔을 때 그곳 대학 교수들이 우리의 모교를 잘 안다고 했다. 풍광이 아름다운 학교로 널리 알려져 있었다.

지금은 건물이 들어선 자리마다 푸른 숲이 사라졌지만 내가 다니던 학창시절엔 건물보다는 나무가 훨씬 더 많았다. 화사한 꽃길을 따라 강의실을 옮겨 다녔고 사계절따라 갖가지 꽃들이 끊임없이 피어나고 고황산의 푸른 정기를 받아 싱싱한 나무들이 마음껏 자라고 있었다. 우리는 그 아름다운 경치를 마음과 기억속에 담을 수 있었다.

아름다운 환경을 느껴보았기 때문일까, 나무를 마구 자르는 것을 보면 마음이 상한다. 오늘 부터라도 나무를 이리저리 옮겨 심는 일을 삼가야 하겠고, 볼품없이 가지를 자르는 일은 더욱 삼가면 좋겠다.

우리 눈에는 뭉텅뭉텅 잘라버려 볼품없이 서 있는 나무만 보아 와서 그렇게 자르는 것이 올바른 나무사랑인 줄 알고 있다. 뭉텅뭉텅 자른 곳에서 잎은 돋아나지만 나뭇가지의 모양은 사라지고 있다. 잘린 곳에선 나무진이 주루루 아픔을 흘리고 있다.

나무는 자기 나름대로의 멋을 너무나 잘 알고 있다. 예를 들자면 단풍나무와 소나무는 전지를 하지 않아도 된다. 소나무는 그 자체가 아름답기 때문이다. 전지는 제대로 알고 해야 한다.

어렵던 시절에 아이들 머리 자르듯 까까머리처럼 그렇게 무모하게 자르는 일은 시정되어야 한다. 문화수준의 차이를 보는 것 같다. 오히려 옛 조상들은 나무를 존중했다. 땅은 좁아도 인성이 좋고 인품을 갖춘 문화수준은 높았다.

내 나라 내 땅을 소중하게 생각했으며 나무를 무모하게 자르지 않았고 나무를 보호하면서 마을을 사랑하고 나무에게 당산제까지 지냈다.

우리의 옛 풍습을 생각해서라도 길가에 서 있는 가로수는 물론이고, 잘 자라고 있는 나무를 존중해 주었으면 한다.

열망의 섬, 독도

독도 땅을 밟아본 사람 많지 않다. 독도에 대한 노래가 경쾌한 가락으로 한창 유행하다가 갑자기 사라졌지만 우리는 가끔씩 노래방에서 독도 노래를 부르곤 했다. 어쨌든 사람들은 어떤 명분을 세워서라도 독도에 다녀온다는 얘기를 간간이 들어오던 중에 우리도 그 곳에 갈 수 있다는 사실에 귀가 번쩍 트였다. 광복 50주년. 광복의 날 행사를 겸하여 간다니 건강만 허락한다면 한번쯤 가보고 싶은 곳이기 때문이다.

독도에 가기 며칠 전 친구에게 여행계획을 말했더니 자기도 가고 싶다는 것이다. 우리 세대에서 아름다운 금강산도 얘기로만 들을 뿐 남북으로 갈라져 안타까운 일인데 독도마저 못갈 곳으로 되어 있으니 이번 기회에 꼭 가고 싶다는 것이다. 친구는 한 명이 아니라 두 명이나 따라 나선다. 독도에 가고 싶은 마음이야 너와나 모두 같기 때문에 일행이 미리 정해져 있었지만 함께 가기로 하고 서둘러 수속을 밟았다.

드디어 독도에 가는 날이 되었다. 밤을 꼬박 새운 새벽 3시경 집을 나선다. 쉽게 갈 수 없는 곳에 간다는 묘한 기분과 오랜만에 먼 길을 떠나게 되는 홀가분한 마음으로 택시를 탔다. 경희궁 터에 도착하니 관광버스 십 여대가 줄지어 있었다. 오늘 독도를 향해 집을 나선 사람들이 삼백오십 명이나 된다고 한다.

외로이 홀로 떨어져 있는, 돌로 이루어진 독섬, 자칫 소외되기 쉬움에서일까, 거듭하여 망발을 일삼는 일본의 작태가 있기에 우리는 더더욱 독도를 끌어안으며 살아오고 있었나보다. 맑고 푸른 동해의 물결 위에 꿋꿋하게 자리 잡고 있어 매력 넘치는 독도를 향해 이렇게 많은 사람들이 밤을 잊은 그대들이 되어 있었다.

아침이 서서히 밝아오는 차 안에서 깜빡 잠이 들었다보다. 눈을 떠보니 남초록빛 넘실대는 포항 바닷가이다. 한여름 해는 이미 중천에 떠있어 날씨가 무척 덥다. 그래도 독도에 간다는 그 일념에 사람들은 즐거운 표정들이다. 모두가 어른들이요 가끔 대학생 또래의 젊은이들도 있지만 나이 드신 중년분이 대부분이다. 나이가 들어감에 따라 나라에 대한 사랑이 더욱 두터워지기 때문인가.

배를 타고 보니 배 안이 너무 비좁은 듯하다. 우리 일행의 숫자가 삼백오십 명이나 되는데도 이 곳에선 소수인 듯 많은 사람들 사이사이에 포개어져 앉아 있었다. 게다가 새벽 내내 차를 타고 온 사람들에게 배가 좌우로 기우뚱거리기 시작해서야 김밥이 담긴 도시락을 나눠준다. 배가 떠나기 전 음식점에서 얼큰한 매운탕이나 시원한 해장국으로 속을 달래주고 배를 타야 하는 것을, 멀미에는 최우수상까지 탄 경력이 있는 나는 김밥은 하나도 먹지 못하고 그만 눕고 말았다. 그러나 눕고 나서 보니 나를 바라보는 친구의 표정이 어두워진다. 나를 믿고 따라나선 친구에게 책임감이 느껴져 얼른 일어났다. 멀미 같은 것은 안하는 척 허기를 부렸으나 하는 수 없었다. 난간에 나가 시원한 바람을 쏘였다. 하얀 물보라를 일으키며 창창 푸른 바다를 매끄럽게 가는 줄 알았으나 그게 아니었다. 지금 이 배는 너무 많은 사람들이 타고 있어 그런지 기우뚱 기우뚱 중심잡기에도 힘이 드는 것 같다. 뽀오얀 안개 구름산을 서서히 헤쳐가는 배, 물보라까지도 하얀 거품이 되어 무겁게 따라온다. 아무 것도 알아볼 수 없는 안개 속을 용케 알아서 가고 있는 항해사가 위대하다. 사람들은 난간에 기대어 안개를 배경으로 사진도 찍고 물보라를 맞으며 더위를 식히고 있었다.

지루한 가운데 울릉도 도착을 알리는 방송이 나온다. 그 옛날 1966년에 한 번 왔던 곳, 그 때 30년 전의 울릉도와는 완전히 다른 곳이 되어 있었다. 자동차는 한 대도 없었던 그 때와는 다르게 승용차를 비롯하여 노선버스까지 분주히 오고가는 것이 보인다. 30년이란 세월 어느 사이에 이렇게 흘렀나.

짐을 푼 다음 날, 아침부터 여름비가 조용히 내리고 있었다. 일기가 고르지 않아 독도에는 내일 간다는 것이다. 일정에 따라서 우비를 챙겨 입고 촉촉이 내리는 안개비를 맞으며 성인봉에 오른다. 정상을 거쳐 반대편으로 내려가는 길은 절벽 옆을 자일에 의지하여 나뭇가지를 잡으며 아슬아슬하게 내려간다. 생사의 갈림길 같은 험한 길에 검정 진흙이 빗물과 함께 어찌나 미끄러운지 우리 일행 모두와 다른 사람들도 옷자락에 흙범벅이 되어 있었다. 나리분지를 가기 전 산길을 거의 내려갔을 때 맑은 물이 폭포처럼 흐르고 있었다. 우리는 입은 옷 그대로 텀벙 물 속으로 들어가 진흙범벅을 대강 씻고 신발도 헹구어 다시 신었다. 산 속의 해는 서산에 기우는 듯 어둑어둑하다. 아침 한 끼만 먹고는 점심은 쫄쫄 굶은 셈이다. 친구는 옥수수대를 먹고 싶다하는데 나는 옥수수대를 꺾어본 일도 없고 용기가 없어 친구의 원을 들어주지 못하는 어리석음이 있었다. 마을이 있는 부둣가에서 버스가 오기를 기다린 다음 그 곳에서 다시 배를 타야 한다.

온 몸이 젖었고 굶었기 때문인가 이번에는 나의 아랫니와 윗니가 딱딱 마주치는 소리가 저절로 나온다. 어디 얘기 속에서나 있음직한 추위를 내가 떨고 있다. 이렇게 떨어보는 것도 처음이다. 라면 한 그릇 먹을 순서는 아직 멀었기에 모르는 사람들 곁에 가서 덜덜 떨며 소주 한 잔을 얻어 마신 다음 추위를 견뎌야 했다. 이럴 땐 소주도 약이 된다.

커다란 돌덩이가 굴러내려 찻길을 막고 있는 것을 치우면서 버스가 부둣가까지 태워준다. 그 곳에서 다시 배를 탄다. 무섭도록 푸르른 물위를 배를 타고 또다시 버스를 타고서야 숙소엘 왔다. 내일 새벽 3시경이면 또 다시 밤을 잊은 그대가 되어 숙소 앞에 모여야 한다. 그렇게 해야만 독도에 가게 된다는 것이다. 오늘 성인봉에 오르내리며 단련된 실력으로 내일 독도에 오르는 것쯤 쉬울 것 같다.

새벽 3시, 지쳐서 포기할 줄 알았던 사람들은 빠짐없이 모두 모여들었다. 죽을 고비를 넘기며 진흙 속에서 힘든 고행을 했는데도 독도를 향한 마음은 모두가 같았던 것 같다. 그러나 시간이 지날수록 사태가 이상하게 돌아간다. 독도에 갈 수 없다고 한다. 이유는 미풍이 불기 때문이란다. 울릉도 군수댁에 대표단이 몇 번 왕래를 하는 듯 했으나 독도에 간다는 것은 불가능한 일이었다. 구구한 법적 절차와 필요 이상의 몸사림, 아니면 밑바탕에 무언가 깔려 있었던 것 같다. 울릉도에 오기 전부터 독도에는 갈 수 없었는지도 모른다. 젊은이들은 그 자리에서 짐을 싸서 챙기며 울릉도를 떠나고 있었다. 특히 혈기왕성한 사진작가들이 특수 장비를 잔뜩 떠메고 가는 뒷모습이 해도 뜨지 않은 컴컴한 새벽길을 따라 터벅터

벅 걸어가고 있었다.

우리 일행 삼백 오십 명의 희망이 하얀 물거품이 되어 남김없이 흩어지고 있었다. 쉽게 갈 수 없는 곳이었기에 많은 장비를 갖추고, 기대를 하면서 왔을 이 많은 사람들. 내 나라 내 땅이면서 우리는 왜 마음대로 가볼 수 없는 것일까. 삼백이 넘는 인원이면 가능하리라 믿었을까?

우리는 영원히 독도에 가 볼 수 없는지도 모른다. 내가 만일 정치인이 되었다면 과연 어떤 자세로 일할 수 있을 것인가. 어떤 숨겨진 면을 모르고 있기에 오늘 이토록 황당한 상황이 일어나고 있는 것일까. 착잡하고 씁쓸함을 참느라 애써 생각을 바꾼다. 독도는 사람의 발길이 많이 닿으면 무너져 내릴만큼 흙이 약하기 때문이리라. 그러나 우리는 먼발치에서라도 배를 타고 독도 주위를 선회하면서, 저기 저 섬이 독도라는 것을 보고 싶었던 것이다. 푸른 동해의 물결 위에 꿋꿋하게 서있는 바윗돌로 되어있는 독도.

사람의 왕래를 끊어놓아 외로운 섬. 독도를 위로해 주고 싶었고, 격려해 주고 싶었다. 찾는 이가 없어 외로운 섬이 아니라고, 우리 삼백 오십 명의 마음을 전해주고 싶었다. 아니, 사천만 모두를 대표해서 전하려고 했었다. 그러나 우리는 독도 근처에도 가지 못했다. 과연 누구의 책임이던가?

웃는 얼굴과 궤변

지하철 경로석에 앉아있는 할머니와 할아버지의 미소 가득한 얼굴, 처음으로 보았을 때 짐짓 놀라웠다.

한국이 아닌 외국이라 생소하기도 하지만 외모로 보아 우리와 거의 같은 사람들. 인상을 보면 우리와 비슷하지만 우리보다 얼굴빛이 하얗고, 할머니들은 체구가 대부분 너무 작다. 우선 두 다리를 다소곳이 모은 할머니의 모습이 예절바르고 조신하게 보인다. 회색 정장차림의 할아버지. 칠십이 훨씬 넘어 보이는 어르신이 우리 손자에게 말을 시키면서 나에게 말을 건다. 나를 일본 할머니로 보았나보다. 무슨 칭찬을 하는듯한 분위기인데 나는 꿀 먹은 벙어리요 귀머거리가 분명하다. 알아듣지 못하는 내 대신 딸이 대답하고 나는 고운 미소만 날리고 있었다. 지하철에서 내린 다음에 딸에게 물었다. 아까 그 할아버지가 무어라 했냐고 그랬더니, 그 할아버지가 우리 손자보고 잘 생겼다고 할머니를 많이 닮은 것 같다고 했단다. 칭찬을 받았으니 얼마나 고마운가.

일본에서 나는 벙어리가 되기로 했다. 자연스레 한국말을 하면 안 되기 때문이다. 도처에 깔려있는 극우파 야쿠쟈에게 걸리면 칼침을 맞는다고 한다. 게다가 나는 일본말을 전혀 모른다.

딸은 일본에서 사는 동안, 한동네 여인과 자전거를 타고 한국말을 하며 무심코 지나가는데, 칠순노인들이 갑자기 일본말로 욕을 해대며 큰소리로 떠들어댄다. 그 내용인즉 '어디서 조센징이 재수 없게 떠들고 다녀 이 못된 것들, 조선에나 가서 떠들어라'

갑자기 당하는 일이고 그곳이 일본이라는 것에 실망을 했으며, 그 늙은이들을 지나치며 분해서 견디기 힘들었다고 한다. 그렇게 7년을 견디고 한국에 왔더니만, 우리나라 초등학교 3학년인 아이들이 손자에게 친일파라고 한다니. 아이들이 친일파가 무언지 알기나 하나? 그 어린아이들 부모의 망발을 앵무새 노릇한 것일 테고, 원수도 아닌 우리끼리 함부로 원수를 삼으니 참으로 아둔하고 어리석은 일이다.

일본 지하철에서 미소를 머금은 저 노인들의 표정들은? 어찌하여 저리도 평화로운 모습인가. 그 몹쓸 마음은 어디에 있었기에 우리에게 36년의 고통을 악랄하게 주었을까? 어찌하여 명성황후까지 잔인하게 죽였으며 고종임금의 의문스런 붕어와 침탈을 거침없이 자행했던가. 수많은 동포의 억울한 주검과 의로운 독립투사들의 기개와 우리 조국의 문화와 역사에 왜 더러운 얼룩을 남겼단 말인가. 물론 우리나라의 어리석은 앞잡이들과 파렴치한 친일파들이 합세했지만, 어릴 때부터 내가 싫어했던 일본의 모습이 일본의 지하철 안에서 맞닥뜨리는 노인들의 표정과 어찌 이렇게 다르단 말인가?

그건 그렇고 어제는 우리나라에서 지하철을 타려고 서 있다가 늙은이 취급을 당했으니 나도 이제부터는 젊은 애송이 여자애와 눈이 마주칠 때마다, 눈에서 악의 기운을 뿜어내야 할까?

'그래? 지금 나를 쳐다보니? 덤비기만 해라 그냥 한 방에 팍!' 내 눈동자에 힘을 잔뜩 주고 노려 보리라 다짐한다. 그리고 거울에 비치는 내 얼굴에서 표독스럽고 포악한 표정을 만들어보려고 노력중이지만 역부족이다. 내 인상은 너그럽고 선한 편이기 때문이다. 그래도 의식적으로 인상을 팍팍 써보려고 노력중이지만.

3호선 충무로에서 수서행 지하철을 타려고 줄을 서서 발걸음을 옮길 때였다. 양쪽으로 두 줄씩 타라는 표시도 있고 맨 앞도 아니고 세 명쯤 되는 뒤쪽에 우리는 두 줄로 서 있었는데... 이제 겨우 20세가 넘었을까 말까한 애송이가 우리를 돌아보더니 새치기를 한다고 씨부렁대며 다른 쪽 으로 간다. 그리고 그 옆에 있던 다른 아가씨도 한통속이 되어 경멸의 표정으로 힐금거리면서 입모양을 씨부리며 따라간다. 졸지에 몰염치로 몰아대니 참 별일이다. 열리는 문을 향하여 잽싸게 돌진한 것도 아닌데, 그냥 차례를 따라 천천히 걸으면서 이야기를 나누었을 뿐인데 참 이해가 안 되는 일도 다 있다. 함께한 일행이 조용조용한 말씨이고 나는 더구나 목소리가 안 나와 옆사람에게 들릴까 말까한 환자인데. 요즘 젊은 애송이들의 심사가 배배 꼬여 있었나? 아니면 자기네 할머니나 우리 또래 노인한테 부당한 대우를 받았나? 왜 해코지를 하려는지 이상한 일도 일어난다.

판단이 흐린 사람들은 이런 이야기 앞에서도 토를 달고 싶어 안달이 날 것도 뻔하다. 새치기를 하지 않았는데도, 그렇다고 믿고 싶은 사람은 분명 또 있을 것이다. 그러거나 말거나 삐딱한 판단으로 묘하게 달겨드는 부류는 어디든지 산재해 있다. 사사건건 해코지 하는 일상으로, 남에게 피해를 주는 악한 인생보다는, 내가 간직하고 있는 덕을 베풀어 좋은 사람들과 여유만만 지혜롭게 살고 싶은 사람이다. 나는 표독하고 고약한 것이 맞지 않는 사람이기에.

웃음꽃, 눈꽃

아침이 되니 창밖이 훤하다. 커튼을 젖히니 화사한 햇살이 푸른 하늘을 배경으로 빛나고 있다. 서울이 아닌 설악동이어서 그런지 맑은 하늘빛이 티없이 푸르다. 오늘은 설악 주변을 돌아보기로 했다. 동해의 푸른 물결을 배경으로 의상대, 홍연암, 낙산사 등을 돌아볼 생각으로 봉고차를 세내었다. 기사는 우선 우리가 구경하지 않은 바닷가를 안내하겠다고 하니 얼마나 고마운가. 시내에 들어서니 눈이 내린다. 설악동은 푸른 하늘에서 맑은 물이 뚝 떨어질 만큼 쾌청하였는데 10분 정도의 거리인 시내는 온통 회색빛 하늘에서 함박눈이 펑펑 쏟아져 내린다.

등대가 있는 항구에 가면 바다를 배경으로 멋진 바위가 많아 사진을 찍을 곳이 있다고 했지만 파도가 높아 접근하기는 틀렸다.

산더미처럼 올라갔다 바위에 사정없이 내던져지는 무서움의 바다. 위험을 알리는 싸이렌이 계속 울려나오고 음산한 날씨와 함께 분위기마저 어둡다. 하는 수 없이 그 곳을 돌아나와 횟집이 줄지어 있는 부둣가를 향

했다. 이곳에서도 싸이렌은 계속 울려대고 하얀 물거품을 실은 산더미 같은 파도가 방파제를 넘어 우리 쪽으로 넘쳐오는 기세가 대단하다. 우리 일행의 마음도 약간씩 불안해진다.

푸른 바다. 겨울의 조용한 바닷가를 보고 싶었던 일행은 실망 속에서 분위기가 침울하다. 마침 일행 중 선배문인께서 소주 한잔으로 기분을 내자는 제안을 하여 모두가 찬성을 했다. 포장 안에 들어서니 따스한 장작 숯불이 우리를 녹여준다. 화롯불을 사이에 두고 둥그렇게 둘러앉아 싱싱한 회를 곁들여 돌아가며 잔을 기울였다. 상추 몇 잎 들어있는 야채 봉지에 천원을 더 내고서야 그 자리를 떴다.

결국 체인을 준비하지 않은 봉고차는 눈길을 오르지 못한다는 무책임과 함께 낙산사 입구에서 뒷걸음질치며 미끄러진다. 걸어가면 한 시간이 걸린다 하여 하는 수 없이 차를 돌려 낙산 해수욕장으로 갔다. 작년 여름이 곳에 왔을 때는 무척이나 푹푹 찌는 무더위 속에서 사람이 인산인해를 이루었건만 지금은 흰 눈이 펑펑 쏟아지는 가운데 적막 속에 파묻혀 있다.

푸른 바다는 아까와는 다르게 조용히 출렁일 뿐이다. 아무도 밟지 않은 탐스러운 눈이 무릎을 넘는다. 누우면 그대로 솜처럼 받쳐줄 것 같아 그 위에서 한 폭의 그림을 연출하면서 사진을 찍었다.

설악산 입구에 돌아와 보니 아침보다는 더 한층 아름다운 산이 눈앞에 버티어 선다. 마치 평평하고 믿음직한 잔등과 같고 넓고 푸근한 가슴과 같아 그 곳에 기대어 피곤한 마음을 쉬어 보느라 심호흡을 한다. 나뭇가지마다 눈꽃이 피어 이제는 사람들 표정에도 웃음꽃이 피어 있다. 설악산을 찾아온 사람들은 눈꽃 속에서 넘어지면서 웃고, 넘어지는 옆에서 바라보면서 웃고, 서로가 재미있게 웃는 얼굴들이 모두 동심으로 돌아가 있다. 모르는 사람들까지도 눈이 마주치면 미소를 띄고 눈인사를 하는 예절바른 사람들이 되어 있었다.

키가 큰 나무들은 가지 끝에서 줄기까지 눈으로 줄을 만들어가듯 길게 길게 이어 나가고 키가 작은 나무들은 눈꽃송이를 피우느라 소복소복 탐스럽다. 사람들의 머리에도 눈썹 위에도 심지어는 안경알에도 눈이 쌓인다. 선배문인께서 내 눈썹을 보고 웃으신다. 눈썹에 눈이 소복하게 쌓인 것이다.

골골이 눈 덮인 산속은 산새들마저 숨어버려 적막하기만 하다. 가끔씩 나뭇가지에 얹힌 눈의 무게가 나뭇가지를 부러뜨리는 소리가 크게 들려온다. 어떤 나뭇가지는 부러지기 전에 힘껏 움직여 눈을 털어내는 나뭇가지도 있다. 흡사 살아서 움직이는 날개짓처럼 크게 움직여 눈을 털어낸다.

신흥사를 향하여 가는 길에 마침 보살 한 분이 등짐을 지고 흰양말 하나만 신었는지 발목에 살갗이 살짝 보이면서 추운 듯 빠른 걸음으로 내닫고 있어 저녁이 가까워짐을 알려준다. 산사의 저녁은 어슬어슬 어두워지고 하루 종일 내린 눈은 자꾸 쌓여만 간다. 신흥사 앞마당 샘물가에도 눈이 쌓여 있다. 눈은 물위에 동동 뜨면서 얼음이 되어 간다.

아름다운 빛, 하얀 빛깔의 눈송이들은 아무런 기척도 없이 계속해서 조용히 내린다. 온천지가 조용하여 아늑하다. 여러 가지 빛깔 중에서 가장 순수하며 무한한 아름다움을 갖고 있는 흰빛은 우리 모두의 마음을 차분히 감싸주는 무한의 능력을 갖고 있다. 아늑함 속에서 아무런 걱정이 없는 여유로움이 더없이 편안한 마음을 갖게 된다.

설악산 입구로 나와 버스를 타고 숙소로 향해 오던 길에 중년의 남자 한 분이 웃음을 한껏 머금은 채 손을 흔들며 우리가 타고 있는 버스를 세우느라 언덕을 조심조심 내려온다. 버스는 서서히 속도를 줄이고 버스 안에 있는 사람들은 그 남자분이 버스를 타게 되기를 바라면서 쳐다보다가 "와아" 하고 큰 소리로 웃게 되었다.

그 남자분이 버스 가까이에서 보란듯이 털썩 주저앉은 것이다. 넘어진 사람은 물론 차 안에 있던 사람들이 큰소리로 웃는 순간 나는 뒷쪽 좌석에 앉아 있다가 웃음소리를 따라 사람들의 얼굴을 보게 되었다. 버스 안에 주욱 서서 웃고 있는 사람들의 표정이 한순간 똑같음을 보고 나니, 내 얼굴에서도 자꾸 웃음이 나왔다. 제각각 다른 사람들이 한순간 혼연일체가 되는 화합의 분위기가 흐뭇하여 나도 모르게 벙글벙글 웃음꽃이 피어난다. 비록 한 사람은 넘어지고 여럿이 웃었지만 넘어진 사람도 함께 웃고 있었기 때문이다.

나는 그날 밤 잠을 이룰 수가 없었다. 나 혼자 슬그머니 숙소를 빠져나왔다. 밖은 온통 푸짐한 눈의 축제가 벌어져 이 밤을 장식하고 있었다. 넓은 길가에 서서 하늘을 보니 둥그런 달이 잠시 보이다가는 검은 구름 사이로 숨어버린다. 소나무 밑에 가서 나무를 올려다보니 잎새에 얹힌 눈의 모양이 더욱 아름답다. 나혼자라도 실컷 보아두기 위해 이곳저곳을 골고루 돌아보았다.

어느 모텔 담장에는 향나무가 줄지어 있었는데 가지마다 얹힌 눈이 하도 푸짐하고 탐스러워 그냥 보기엔 아깝다. 어느 크리스마스를 앞둔 무대에 또는 메마른 도시인의 마음에 심어주고 싶은 나무였다. 간간히 들려오는 젊은이들의 노랫소리가 창문을 넘어 나에게로 온다. 한동안 잊고 있었던 옛추억이 생각나 공연히 혼자 있는 내가 더없이 쓸쓸하다는 것을 느낀다. 그제서야 슬그머니 외출을 나온 나를 염려할 일행이 생각나 숙소를 향한다. 오는 길목에 고드름은 지붕에서 땅끝까지 길다란 얼음기

둥을 만들어 가고 있었다.

이렇게 가끔씩은 자연 속에서 나를 돌아보고, 자연 속에 묻힐 수 있음이 얼마나 고마운 일인가. 이번 여행에서 가장 아름다운 게 뭐냐고 묻는다면, 아름다움의 하얀 눈빛, 그리고 나뭇가지에 피어있는 눈꽃, 그리고 더 아름다운 것은 혼연일체가 되어 와아하고 웃었던 순간의 웃음도, 서로가 눈이 마주치면 선뜻 미소를 보내주는 예절바른 웃음꽃이 아니었을까.

이렇게 늦은 시간에 어딜 가세요?

글을 쓴다는 것이 자랑스러운 일이었을까. 나를 돌아보고 위안을 삼는 말 중에 하나이다. 내 마음 깊은 내면에서 떠도는 생각들을 수필로 써내려 갈 때의 기쁨이 있기에 수필가라는 이름이 나에게 붙여진 것을 자랑스럽게 생각한다. 그럼에도 불구하고 나에게 수필가라는 이름이 붙기까지, 아니 글을 쓰기 시작하면서부터 남다른 우여곡절을 겪었다고 할까. 이상하고도 떨떠름한 대우를 받아온 것도 사실이다.

다른 사람들은 식구들의 보살핌 속에서 출발했다고 하지만 나는 그 반대인 것이다. 내가 어쩌다 편안한 마음으로 지내게 되거나 다행스럽게도 좋은 느낌을 갖게 될 때는 사람들의 시새움에서 이상하게 들볶인다. 언제든지 내 자신은 무조건 양보를 해야만 되고, 나를 절대로 세우지 말아야 하며, 고개도 들지 못하는 낮은 자세로 부복하며 살아가기를 원하는 것 같다. 이럴 때 나 스스로를 일으켜 세우느라 안간힘 쓰면서 일어서 본다. 이런 순간들을 나는 인정하지 않는다. 그러니 힘든 일이다.

월간지 사보에 글을 두 편 발표하고는 글에 대한 자신감을 갖고 싶어 문화센터에 나가게 되었다. 일주일에 한 번씩 저녁시간의 외출이 철저한 잘못으로 인정받던 때였다. 이번엔 동네 여인들의 눈길이 나를 그냥 놔주지 않았다. 내가 문화센터에 가기 위한 시간은 저녁식사를 준비하게 되는 오후 다섯 시 경이다. 남들은 밖에 나갔다가 들어오는 시간에 나는 외출을 한다. 동네 여인들의 눈길은 부정적이다. 엘리베이터에서 동네 여인들을 만나면 질문하는 내용이 똑같다.

"이렇게 늦은 시간에 어딜 가세요?" 미소는 섞였지만 불순한 의도가 가득 담긴 인사말이다. 나는 이럴 때 속삭이는 말투로 귀에 바싹대고 대답한다. "바람피우러 가는 거예요." 차라리 웃으면서 대답을 한다. 동네 여인들이 내 외출에 대해서 궁금할 것 같아 반상회에서 설명을 했음에도 불구하고 10년이 지난 오늘에도 변함없는 인사말이다. "이렇게 늦은 시간에 어딜 가세요?" 내가 아무리 열심히 산다고 해도, 바람피우러 가는 일이 아닌데도, 제대로 보고 싶지가 않은가 보다. 아니면 여자 혼자의 저녁 외출을 상상도 못하는 그들에게 내가 너무 자유로워 보여서 공연히 심술이 났는지도 모른다.

명절 때였다. 6 · 25때에 혼자 월남하여 적적한 형부네 집에서 친정식구들이 모두 모였다. 사촌 형제들이지만 모두의 부모님이 안 계시니 자연히 나이 드신 형부네 집에서 모인 것이다. 모두들 웃음 담긴 덕담 속에서 아이들은 두둑히 받게 되는 세뱃돈에 즐거워하고, 앞마당 잔디밭에서 마음껏 떠들며 노는 모습이 우리 어릴 때의 모습을 보는 것 같아 흐뭇하다. 음식솜씨 좋은 사촌언니와 올케언니 모두 함께 솔선수범 부엌일을 거들며 부산한 날이다. 과일을 깎느라 모여 앉아 얘기꽃을 피우다 보니 나의 외출에 대한 얘기가 나왔다. 대학 4년 동안 국문과에서 공부하면

됐지, 무엇이 부족하여 굳이 외출을 하느냐면서, 문화센터가 대학보다 나은가, 대학공부가 훨씬 앞서는 게 아닌가, 대학에서 공부한 실력으로 집에서 책 읽으며 공부하면 된다는 대목까지 도달한다. 얘기를 듣던 사촌을 비롯하여 친언니들까지 참고 있었다는 듯 똑같이 그래그래 하면서 내 외출을 완강하게 막으려고 한다.

사촌을 비롯한 모든 식구들이 싫어하는 일을 굳이 하는 이유는 무엇이냐면서 문화센터에 다니지 말라는 결론이 나오고야 만다. 그곳에 모인 사람들 중에 내 편을 들어 두둔해 주는 사람이 한 사람도 없다는 것이 너무나 놀랍다. 내가 돈을 펑펑 쓰면서 시간 낭비하러 다니는 것도 아닌데, 나는 왜 지탄을 받고 있는지 억울한 생각이 들었다. 이럴 때는 입 다물고 순응해야 하는 것일까. 잠시 혼돈스러운 생각이 들었다.

그러나 입 다물고 고개 숙이고 순응하며 산다면, 나는 어디에 있는 것일까. 그저 아무 일도 없는 듯 행복한 미소를 지으며 살아갈 수도 있다. 일상의 쳇바퀴 속에서 나라는 실체는 철저히 숨을 죽이고 내가 아닌 허상으로 사는 것이 바람직한 일인가. 내가 가정을 등지고 밖의 일에만 신경을 쓰는 것도 아닌데 일주일에서 서너 시간의 외출마저 허용될 수 없다니! 살림 이외의 일은 절대로 안 되는 것인가. 그렇다면 나는 판단력도 분별력도 없는 것일까. 내가 하는 일이 그릇된 일이라 생각하면서 살아야 하는가.

날렵한 춤솜씨에 걷잡을 수 없는 바람끼가 있어 외간남자와 춤바람이 난 것도 아니고, 화투장 빡빡 치면서 재산을 탕진하는 일도 아니다. 나는 남자와 손잡는게 싫어서 사교춤도 배우지 않은 사람이건만.

일주일에 서너 시간 공부하는 그 시간에 외출이 허락되지 않는 삶이라면 난 죽어도 된다는 생각이 들었다. 그래서 그 순간 단호하게 죽어버리겠다는 말로 맞섰다. 그제서야 내 말에 이해가 되는지 한 번의 외출은 된다는 쪽으로 기울었다.

그러나 밖에서의 의견은 더욱 받아들이기 힘들었고 섭섭했다. 조언을 받으려고 얘기를 하면 내가 아니어도 다른 수필가들이 얼마든지 좋은 수필 쓸 터이니 반대를 무릅쓰면서까지 밖으로 나오지 말라는 충고도 아닌 조언이랍시고 말해주는 분도 있었다.

그러나 내 가슴 깊이에서 떠도는 이야기는 나혼자만의 힘으로 해결해야 하고 또 해결될 뿐이다. 말하고자 하는 내 입을 틀어막을 수는 없다.

몇 해 전 나는 우리 어머니에 대한 글을 쓴 적이 있었다. 그때 언니는 조카애가 읽어주는 내 글을 들으며 잠재되어 있는 그리움이 떠올라 한동안 울었다고 한다. 또 어릴 적 친구도 식구들이 잠든 조용한 밤에 식탁에 앉아서 내 글을 읽다가 엎드려 울었다고 한다. 우리 옛집이 그립고 마당에 꽃이 가득하게 피어있던 그 집이 너무나 보고 싶어 참기 힘들었다고 한다. 이제는 흔적도 없이 사라진 우리들의 옛집. 이렇듯 저마다 가슴과 기억 속에 담겨있는 추억이 다르듯이 각각의 하고 싶은 이야기들이 있다. 내 이야기를 그 누가 대신할 수 없으며 수필은 꼭 자기 스스로가 해야만 한다. 또한 불의를 보거나 나름 하고 싶은 말은 해야만 한다.

이렇게 해서 나의 문학의 길은 지금 순탄하게 가고 있는 편이다. 다행인 것은 나의 아이들 셋이서 적극적으로 찬성을 하니 힘이 생긴다. 시작은 어렵게 했지만 이제는 내 발길을 가로막는 장애물은 없다. 가끔 발부리에 걸리는 돌이 있지만 요즘 유행하는 든든한 군화를 신고 냅다 차버리든지 귀찮으면 비켜 가면서 탄탄대로를 택하면 된다. 가끔씩 오솔길로 접어들 때에는 깨끗한 시냇물 구경도 하고 순수하고 순박한 들꽃도 구경한다. 이른 새벽 그 누구도 걷지 않은 새소리 지저귀는 아름다운 길로 접어들고 있다. 난 자랑스럽게 생각한다. 모두의 격려와 사랑 속에서 태어난 내가 아니고 반대를 무릅쓰고 떨떠름한 대우를 받으며 태어난 나의 길이기에 더욱 애착이 가는 문학의 길이다. 오늘까지 잘 참고 끈질기게 이겨냈다고 생각한다. 그리고 이제는 문화센터는 안 나가는 대신에 세미나, 시상식, 출판기념회 등에 다니느라 저녁외출이 있다. 그러나 그때나 이제나 남들은 변함없이 떨떠름한 눈길을 보내는 것 같다. 그렇기 때문에 더욱 열심히 글을 써야 한다. 한편의 수필이라도 길이 남을 수 있는 명작, 그런 수필을 꼭 써야만 한다.

이름을 밝히지 못하는 산

많은 사람들이 이 산을 찾아가 훼손할까 싶어 산 이름을 밝히지 못하는 것이 못내 아쉽다. 산에 오르는 사람은 산을 아끼는 사람이어야 하고, 자연을 있는 그대로 볼 줄 아는 사람이고, 들꽃 하나라도 꺾지 않으며, 산을 훼손하지 않는 그런 사람이어야 한다. 애연가라고 해도 산에서는 담배를 절대로 피우지 않는 그런 사람들만이 산에 오르기를 바란다.

어제, 저녁식사도 거른 채 잠을 잤기에 새벽에 눈이 뜨였다. 새벽녘이지만 창밖을 보니 하늘은 회색빛이다. 만물이 잠들어 있는 새벽녘에 일어나 산행준비를 한다. 밥과 반찬, 그리고 찌개를 끓이면서 냉동실에 녹차물과 냉커피를 얼린다. 산을 오르다보면 목이 마를 테니 얼음물을 준비해둔다. 고구마, 감자튀김도 하고 싶었지만 이번에는 그냥 밑반찬으로 준비하여 점심 도시락을 쌌다. 오늘이 벌써 다섯 번째 산행이다. 어느덧 창밖이 훤하여 날이 밝았다. 충분히 잠을 잔 덕분에 피곤함이 없으니 다행이다.

산행 떠나는 곳에 관광버스가 미리 와 있었다. 차안에 올라서니 한 사람이 먼저 와 있었다. 이 분은 약속시간보다 언제나 일찍 나온다고 한다. 그래서 서두르는 일이 없으며 여유있게 차분히 일을 시작한다고 한다. 우리나라 사람들이 선진국 대열에 들어가려면 우선 시간을 잘 지키는 사람이 되어야 한다고 강조했다. 시간을 지킨다는 것은 큰돈이 드는 일이기보다는 조금만 더 부지런하면 된다는 것이다. 나 역시 집에서 나올 때 약속시간보다 일찍 서둘러 나왔기에 다행히 늦지 않았다. 그동안 약속시간을 지키지 못해 반성하는 기분이었다.

서울을 벗어나 한 시간 가량 달려간다. 올여름 비 피해가 눈에 띄기 시작한다. 밭둑이나 산 밑에 돌더미와 흙더미, 그리고 나무뿌리와 나무줄기들이 어지럽게 쌓여 그대로 폭우의 피해를 말해주고 있었다. 집중적으로 내린 비가 얼마나 무서운가를 실감하게 된다. 아무리 단단한 시멘트라고 해도 홍수로 떠내려 오는 거센 물살 앞에서는 지탱할 힘이 없었던가 보다. 자연석은 그런대로 남아있지만 시멘트는 흔적도 없이 떠내려갔다. 축대도 그렇고 산행길 오르는 길바닥도 시멘트는 온데간데없다. 자연석의 커다란 돌덩이만 남아 있었다.

산 입구에 다다르면 산악회원 40여 명이 모두가 나를 스쳐 저만치 가고 만다. 나는 숨이 턱에 찬다. 나 때문에 산악회장이나 오락부장께서 뒤쳐져 가는 것이 미안하다. 내 숨소리가 너무나 가쁘니까 사람들이 걱정을 한다. 힘이 들면 쉬라고 하지만 사람들에게 부담을 주는 것이 미안하여 태연한 듯이 천천히 숨 쉬려 해도 숨길 수 없는 것이 숨소리이다. 건강상태에 모자람이 많은 내가 이 대열에 끼여 함께 할 수 있는 것에 송구스런 마음이 앞선다. 그러나 사람들의 눈빛이 따뜻하고 다정해서 부담은 덜 수 있었다.

숨이 한참 가빠질 때면 평지가 나왔다. 숨을 고르면서 걷다보면 또 오르막이다. 한동안 힘들게 오르다보면 내리막길이 나온다. 이 산은 오르기만 하는 것이 아니라 숨가쁘게 오르고 다시 평평한 길을 걷다가 내리막으로 내려가는 평지가 있는 재미있는 산행길이다. 바위틈 사이사이로 조심조심 걷기도 한다. 한편으로는 낭떠러지가 있기에 아슬아슬 지나갈 때도 있다. 어디쯤인가 촘촘한 나무틈새로 옆산을 찾아보니 정상이 보인다. 먼저 앞서가는 일행들은 길가에 '5단지 산악회' 라는 종이를 돌멩이로 눌러 놓았기에 뒤쳐진 일행들은 길을 찾기가 쉬웠다. 높고 높은 산, 넓고 넓은 산 속에는 우리 일행만 있을 뿐 다른 사람들은 전혀 없었다.

어느덧 산 정상에 올랐다. 훤히 내려다보이는 산등성이에 푸르름이 그득하여 물결을 이룬다. 늘 푸른 소나무가 연륜을 뽐내느라 가지마다 솔잎새가 활짝 핀 꽃처럼 싱싱하다. 산 정상에는 가을꽃들이 많이 있었다. 하이얀 구절초, 진한 노랑의 들국화, 연한 미색의 들꽃, 연분홍과 연보라빛, 그리고 진한 보라빛, 가지각색의 들꽃들이 환하게 웃으면서 꽃마을을 이루고 있었다. 가을이 가까이 옴을 알려주는 꽃잔치이다. 내가 맨 뒤에 있으니 앞서가는 사람들의 모습을 한눈에 내려다볼 수 있다. 산등성이를 걷는 길에 울긋불긋 옷 색깔도 다양하게 한 줄로 나란히 서서 걷는 모습이 질서가 있어 더욱 아름답다. 양쪽으로 펼쳐지는 경치 또한 장관을 이룬다. 오른쪽 저 아래에는 호수가 하늘을 만들고, 그 호수를 중심으로 마을이 형성되어 지붕들이 이마를 맞대고 있었다. 왼편에는 참나무가 굵은 가지를 가지런히 세워 역시 줄을 맞추어 군락을 이루고 있었다. 바람이 한 차례 부니, 우수수 쇄아 하는 나뭇잎새의 소리가 장관이다. 우리가 걷고 있는 정상 산등성이에는 이제 막 피어나기 시작하는 억새풀이 햇빛에 반사되어 반짝이고, 그 아래 하얀 구절초 꽃들이 마가렛 꽃인 양

옹기종기 앉아 있었다. 그뿐인가. 이곳을 걷고 있는 산악회원들의 심성이 선한 편에 있으니 내 마음까지도 위로를 받는다. 그악스럽고 소인배적인 속물들이 득실거리는 판에 이 정도의 사람들을 만나게 된 것은 또 하나의 축복이다. 5단지에 살고 있는 친구 덕분이다. 외로움에 시달리고 있는 나를 이렇게 좋은 곳에 불러주었으니 얼마나 고마운 일인가.

내가 맨 꼴찌로 따라가는 중인데 앞서가던 사람들이 길을 잘못 들어 돌아서는 바람에 내가 선두가 되고 말았다. 사람들은 꼴찌가 첫째가 되었다면서 유쾌하게 웃는다. 내려가는 길은 수월한 줄 알았지만 나이탓인가 무릎에 통증이 온다. 친절하게 손을 내미는 여인이 있으니 이 여인은 늘 부채를 들고 있어 부채공주로 불리는 여인이다. 여기서 나는 마흔 한 살 동갑내기로 통한다. 그야말로 나이를 한참 깎아 놓았다. 젊은 동갑네는 여유있고 부드럽게 미소를 짓고, 나이가 약간 든 동갑네는 나이가 줄었다고 재미있어 웃고, 나는 너무 깎아내린 나이 때문에 미안해서 웃고. 어쨌든 마흔 한 살의 동갑네들이 줄을 지어 걷고 있었다. 무릎이 아프다고 하니 이제 마흔 하나가 무릎이 아프면 안 된다고 염려의 눈길을 보낸다.

내려가는 길에 뱀을 보았다. 산악회장이 훌쩍 뛰어 뱀의 머리를 발로 누르니 뱀은 꼼짝없이 그대로 있었다. 제법 굵은 것이 완전히 짙은 카키색 얼룩무늬이다. 백화점 앞에서 장난감으로 파는 뱀의 색깔과 모양이 너무나도 똑같다. 크기는 장난감보다 세배 두께가 넘는 그런 뱀이다. 산악회장의 아내 되는 분이 그냥 놓아주라고 인정어린 목소리로 말을 했으므로 발을 떼니 뱀은 잽싸게 도망을 간다. 산길에서 앞장을 서거나 뒤쳐져 혼자서 걷는 것은 위험하다. 이번에는 바위틈에서 도마뱀을 보았다고 한다. 산악회에서 총무 일을 맡고 있는 미모가 고운 동갑네이다. 오늘은 뱀과 인연이 깊다며 놀리느라 또 한바탕 웃음꽃이 피어난다. 웃음꽃

사이로 계곡이 보인다.

너무나 큰 바위, 집채 만한 바위들이 무질서하게 계곡을 덮고 있었다. 큰 나무들이 힘없이 쓰러져 나뒹굴고, 나무의 껍질까지 말갛게 씻겨, 형체도 없이 허연 몸체를 그대로 드러내 놓고 있었다. 원시의 세계가 바로 이런 것일까. 새하얗게 닦여진 넓은 암반에 40여 명의 회원들이 둘러앉아 점심을 먹는다. 산악회장은 사흘이나 금식을 하는 중이어서 얼굴이 반쪽이다. 그런데도 모든 사람들을 한 번씩 둘러본다. 회장이기 때문에 그럴까. 회원들을 자상하게 살피느라 둘러보는 것이리라. 산악회장의 인생관은 남다른 데가 있다. 무슨 일로 어떻게 봉사를 하며 살 수 있을까, 남에게 어떤 좋은 일을 베풀 수 있을까, 그런 생활신조를 갖고 있기에 집에 있는 아이들에게도 얘기해 주고 실천하면서 살고 싶다고 하니, 이런 생각을 갖고 있는 사람이 있어 이 지구의 인류가 멸망하지 않고 존재하는 것일 게다.

계곡이 끝날 때쯤 바위가 누워있다는 와폭포에서 우리는 잠시 쉬어가곤 한다. 맑은 물에 발을 담그면 피로가 싹 가신다. "자연환경 보호를 위해 때를 밀면 안돼요." 하는 말로 모두를 웃기고 마는 오락부장, 어릴 때 개구쟁이의 귀여운 모습이 지금 나이 오십인데도 그대로 남아 있다.

자연을 사랑하는 사람들만이 이 모임에 함께 하기를 바란다. 나 역시 이럴 때 행복하다는 표현을 하고 싶다.

좋은 사람들과 서로를 배려하면서 맑은 공기를 마시는 순수한 마음가짐의 산행길이다. 아직은 이 산의 이름을 밝히지 못하고 있다. 언젠가 자연을 진실로 사랑할 줄 아는 의식이 높아져 이름을 밝힐 수 있는 그런 사회가 되기를 갈망한다. 좋은 산행길 각흘봉에서 우리 모두가 함께 할 수 있는 그날이 오기를 기다린다.

이상한 상사병

누군가가 나를 깨운다. 내가 깊은 잠을 자고 있었을까? 일어나야지 하는 마음이었으나 움직일 수가 없었다. 대답을 하려고 하니 소리가 뱃속으로 기어 들어가고 입술조차 움직이지 않는다. 나를 깨우려는 사람이 눈을 떠보라고 한다. 그러나 이게 어찌된 일인지 눈꺼풀에 뻣뻣한 풀로 몇 겹씩 덧발라 놓은 듯 꼼짝을 않는다. 나를 깨우던 사람은 그만 포기를 했는지 발소리를 남기며 멀어져갔다.

잠시 조용한 시간이 흐른다. 나는 왜 이렇게 꼼짝을 못하고 있는 것일까. 생각을 더듬어 보니 내가 수술을 받았다는 것이 생각된다. 그렇다면 지금쯤 어딘가 아픈 곳이 있을 것 같은데 전혀 아픈 곳이 없다. 다만 내 몸의 일부분이 약간 허전하다는 것, 그것도 생각으로만 그럴 뿐이다. 내가 병원에 들어온 날짜를 짚어보니 오늘이 9월 초순이 된다. 아직은 여름이 남아있을 터인데 에어컨 온도를 너무 낮춰서 그런지 몸이 꽁꽁 얼어가는 느낌이다. 지금 나에겐 덮여 있는 이불조차 홑이불 정도로 무게가 전혀 없다. 내가 만일 죽은 상태라면, 영혼이 육체를 벗어나 공중으로 올라가 자신의 육신을 내려다 볼 수 있다고 하던데, 지금 나의 육신과 영혼은 함께 있는 듯하니 죽은 상태는 아닌 것 같다.

나는 지금 추운 길 모퉁이에 그대로 버려져 있는 기분이다. 등이 따스한 온돌방으로 나를 데려다 주었으면 좋겠다. 그렇다면 내가 이렇게 정신이 들어있다는 것을 알려야 한다. 허공에 대고 나의 한쪽 팔을 번쩍 들어 보이려 했다. 그러나 내 몸은 완전히 정지 상태이다. 발소리가 다시 가까이 오는 것 같다. 그리고는 나를 한동안 내려다보는 듯하더니 아직 깨어나지 않은 것 같다며 이내 돌아가 버린다. 그리고는 의료기들을 정리하는지 달그락 소리가 내 주위를 오고갈 뿐이다.

다시금 발소리가 내 옆을 지나갈 때 외마디 소리를 내려고 준비를 했다. 그러나 모기소리도 나오지 않는다. 힘껏 팔을 들어 보이려고 하나, 둘, 셋하고 시도해 보았으나 모두가 다 허사였다. 이제 의료기 정리가 끝이 났는지 발자국 소리도 멀어져 갔다. 한동안 답답한 시간이 흐른다. 춥지만 않아도 그대로 있겠는데 너무 추워 견딜 수가 없다.

한참 뒤 드디어 발자국 소리가 내 곁에 와서 멈췄다. 그리고는 내 귀에 바짝대고 나즈막한 소리로 속삭이면서 내 이름을 부른다. 어떤 분이 이토록 정답게 내 이름을 부르는지 고마운 마음이 들었다. 눈을 뜨려고 몇 번이나 있는 힘을 다하니 눈꺼풀에서 약간의 미동이 느껴진다. 그 사람은 마치 어린애에게 칭찬을 하듯 다시 눈을 떠서 자기를 보라고 한다. 그렇지 않아도 궁금하던 차에 눈을 뜨긴 했으나 희미하게 보일 뿐, 누구인지 확인해 볼 기력이 없어 바로 눈을 감았다. 그제서야 나는 살아있는 사람이 되어 수술실 밖으로 나오게 되었다.

내가 수술을 받게 된 것은 다른 이유가 아니다. 나에게 붙어있는 상사병 때문이었다. 상사병 때문에 나는 아무 일도 할 수가 없었다. 어디를 가든 무슨 일을 하든 사정없이 생각이 떠올라 참아낼 수가 없었다. 그래서 나는 이 증세를 괴로워 하다가 이런 게 바로 상사병이라는 결론을 내리게 된 것이다.

내가 그리워하는 상사병의 대상은 다행히 사람이 아니다. 먹음직스럽게 생긴 음식물도 아니다. 음식물이긴 하지만 뼈와 살이 앙상하게 말라 있는 볼품없는 멸치였다. 나는 이렇게 볼품없는 멸치에 반해서 오매불망 멸치만을 찾는 증세가 너무 심했던 것이다. 멸치를 먹는 것도 한두 마리 집어먹는 게 아니라 밥그릇에 수북이 담아 허겁지겁 먹는 거였다.

외식을 할 경우, 일품요리를 먹는다고 해도 멸치가 없으면 모두가 맛이 없었다. 하루 생활을 마무리하고 잠자리에 누우면 눈앞에 멸치가 어른거려 잠을 잘 수가 없었다. 자리를 박차고 일어나 멸치를 먹어야 했다. 어느 날 자정이 넘은 시간에 거실에 앉아 멸치를 정신없이 먹고 있으려니 큰 아이가 지나다가 나를 보고 심각한 표정을 짓는다. 그리고는 엄마 뱃속에 이상한 성분이 들어 있을 거라고 하면서 피검사를 해보라고 한다. 그래서 나는 괜한 소리라면서 내 피에는 멸치 귀신이 붙어 있어 그럴 것이라고 가볍게 웃어 넘겼다.

그러고 나니 은근히 걱정이 되었다. 나 혼자 마른 멸치를 큰 상자로 네 박스나 먹어버린 상태이다. 외출을 했다가 멸치 생각이 나면 택시라도 타고서 집으로 달려와야 할 지경이다. 하는 수 없이 병원에 가서 피 검사를 했다. 건강한 사람의 헤모글로빈 치수가 14정도이고 빈혈증세는 10이라고 할 때, 나는 6이라는 숫자가 나왔다. 6이라는 숫자는 심각한 증세로 수혈단계까지 온 것이라 한다. 그동안 길을 걷다가 쓰러진 일은 없느냐고 하면서 될 수 있는 대로 외출을 삼가고 종합병원에 가서 원인을 찾아보라고 한다.

종합병원에 가면 사람이 붐빌 테니 엄두가 나질 않아 전문병원에 가서 간단하게 몇 가지 검사를 했더니 증세는 쉽게 나왔다. 내 몸 안에 있는 중요한 기능의 벽이 헐어가고 있었다. 나는 이제 빠른 시일 안에 수술을 해야 한다는 진단을 받게 되었다. 만일 날짜를 뒤로 미루다보면 더욱 악화될 수도 있으니 뒤로 미루지 말고 일주일 이내에 수술을 하라는 것이었다.

집으로 오는 발걸음이 무거웠다. 만일 수술을 하려고 몸을 열었을 때 더욱 나쁜 상태면 어쩌나, 여러 가지 좋지 않은 생각들이 앞장을 섰다. 차에 앉아 고개를 숙이려 하니 눈물이 떨어지려 한다. 얼른 천정을 바라보았다. 눈물은 흘리지 않으리라 마음을 굳게 먹었다.

내가 탄 차가 정류장에 섰을 때 백화점이 보인다. 나는 얼른 내렸다. 그리고는 물끄러미 꽃구경을 했다. 싱싱한 꽃을 매만지는 손을 바라보며 나도 열심히 움직이고 싶었다. 이제 모든 것이 마지막이 될지도 모른다는 생각이 들고나니 눈에 뜨이는 것 모두가 더없이 소중하고 아름답게 보인다.

예사로 보아왔던 꽃들, 지나가는 사람들, 그리고 내가 오가던 이 길까지도. 한동안 서 있다가 백화점 안으로 들어갔다. 먼저 왔을 때 괜찮다고 느꼈던 구두를 마침 세일가격으로 팔고 있었다. '이제 와서 신발이 무슨 소용이람' 생각을 하면서도 새 구두를 신고 거울 앞에 서 보았다.

하얀 빛의 구두가 나를 청순하고 깨끗하게 감싸주고 있다. 남 빛깔의 구두는 흰 테까지 두르고 있어 세련되고 우아하다. 꽃분홍빛 구두를 신으니 화사하고 화려한 분위기이다. 그래서 나는 세 켤레의 구두를 한꺼번에 안고 왔다.

이제까지 많은 욕심을 부리지 않고 절약하며 살아온 것에 대한 회한의 심리인가. 마지막 죽음 앞에서 헛된 욕심이 생긴 것일까. 허무한 마음을 물건으로 보상하려 함인가. 세 켤레의 구두를 한 번씩이라도 신어볼 수 있을지 모르겠다. 가끔씩 아끼면서 신는 게 아니라 쫓겨 가는 시간에 한 번씩 부지런히 신어보아야 한다.

병원에 입원을 하러 가는 날. 나는 가장 화사하고 예쁜 분홍빛깔의 신을 골라 신고 건강한 사람처럼 화사한 미소를 풍기며 씩씩한 걸음으로 집을 나섰다.

병실 침대 밑에 놓여 있는 분홍빛 구두를 본 언니가 누구 거냐고 묻는다. 내 것이라고 했더니 배를 잡고 한바탕 웃는다. 저렇게 굽이 높은 구두를 신고 퇴원할 수 있느냐고 하기에 다른 사람은 못해도 나는 할 수 있다고 했다. 그러나 퇴원을 할 때, 병원에서 신는 슬리퍼를 신고 한 걸음 한 걸음 겨우 걸어 나왔다.

어느 덧 몇 년이 흘러 건강을 되찾게 되었다. 그러나 상사병이 괴롭다는 것과 참기 힘든 고통이라는 것을 어렴풋이 알게 되었다. 누군가를 그리워하는 마음이야 아름답긴 하지만 피차에 이루어질 수 없는 사랑이라면 그건 괴로운 시련의 아픔이 되는 것이다.

내가 앓게 되었다는 상사병의 시련이 사람이 아니라는 것이 무척 다행이거니와 상사병의 대상이 멸치였기에 쉽게 만날 수 있었으며, 내가 살아날 수 있는 유일한 조건이 될 수 있었다.

멸치를 만나지 못했다면 악성 빈혈이나 백혈병에 걸려 수술도 하기 전에 목숨을 잃었을지도 모른다. 이렇게 생명과 직결되는 그리움의 병, 이것이 바로 상사병이 아닐까. 물론 과학적인 수술을 받았기에 나은 병이지만 수술을 받기 전까지 멸치를 그리워했던 일은 참으로 견디기 힘든 고통이었다.

이제는 멸치를 먹지 않아도 견딜 수 있고 하루의 일과를 다 마치고 자리에 누워도 눈앞에 어른거리며 내 정신을 빼앗는 것이 없으니 편안한 상태이다. 상사병이란 해결하기 어려운 병이면서도 고치지 못하면 결국 나를 잃어버리게 되는 중병중의 중병이다.

이야기 속에 전설처럼

산은 제 자리에 그대로 있었다. 그러나 사람이 오르고 싶은 산길은 단절의 그늘 속에서 숨을 죽이고 있었다. 우리 민족의 명산인 백두에서 한라까지 하나의 선으로 이어진 등줄기라 해도 통곡의 몸부림으로 끊어진 채 벌써 반세기를 넘었다. 세월은 그렇게 아픔으로 흘러갔다. 50년의 세월이 결코 짧은 세월이 아닌데도 별다른 대책이나 수습할 수 있는 묘안도 없이 그렇게 지나가고 있다.

꾸며대거나 감출 것도 없는 소박하고 정다운 우리의 고향 길에서 이념을 내세우는 혼돈이 시작되었기에, 사람들은 정든 땅을 등지면서 고향산천을 떠나야만 했다. 잠시 고향을 떠나 어느 정도 타향에서 지내다 보면 어떤 희망의 실마리가 풀릴 것이라 기대하면서 발걸음을 옮겨야 했다. 그러나 그렇게 떠나온 길이 영영 풀리지 않는 생이별이 될 줄은 예감하지 못했다.

이 나라 금수강산을 피비린내로 덮어야 했던 1950년 6 · 25전쟁은 이념이라는 광풍에 휩쓸리면서 서로가 서로를 죽여야 하는 비극을 연출했다. 그 결과 우리 모두에게 조국 분단이라는 아픔을 남겨 주었다.

차마 잊을 수 없는 아름다운 추억과 함께 생명처럼 아끼고 사랑하던 사람과 헤어졌으며, 한 지붕 아래서 오순도순 살아야 하는 부모형제마저 뿔뿔이 흩어져야만 했다. 어린 시절 식구들과 함께 했던 일상적인 생활들이 가슴을 도려내는 그리움이 되었으며, 늘 가까이 마주 대하던 고향 하늘마저 외로운 마음을 더욱 허전하게 만들었다.

식구들의 생사조차 확인할 수 없는 오늘이기에 목숨이 마감되는 날까지도 아픔의 상처는 치유되지 못할 것이다. 아픔도 운명처럼 가슴에 끌어안고 살아온 그 세월들을 이제 와서 어떤 무엇으로 보상을 받을 수 있단 말인가.

통일이 되면 만날 수 있다는 희망조차 버려야 했던 허망한 세월 속에서 희망이 어슴푸레한 여명처럼 화려하고 아름다운 금강의 문이 조심스럽게 아주 조금씩 열리고 있다. 금강산이라는 이름 석 자를 옛날이야기 속에 나오는 전설처럼 여겨왔기에 더욱 가슴이 설레는 것인가, 아니면 내가 살아생전에 갈 수 없는 곳이려니 여기며 기억 저편으로 밀어두었던 금단의 땅이었기에 그런 것일까. 꿈에도 잊지 못하던 고향 하늘이 손을 뻗으면 닿을 듯 지척이건만 금강산 골짜기에서 바라보는 그 하늘에는 무심히 흐르는 구름이나 오고가는 애절함이 있을 뿐이다.

금강산을 가기 전 이념의 차이는 또 다른 늪춤을 마련하고 있었다. 아직도 실마리가 시원하게 풀리지 않았기에 우리가 알아야 할 주의사항들이 있었다. 만일 비디오나 카메라에 북녘사람들을 찍거나 관광코스에서 만나게 되는 안내원이라 해도 그들을 무심코 카메라에 담게 되면 필름을 압수당하는 것뿐만 아니라 카메라까지 그들에게 넘겨주어야 한다는 것이다.

동해항 입구에서 사람들은 하는 일도 없이 어두워질 때를 기다리며 서성이고 있었다. 서쪽 산 너머로 해가 꼴딱 넘어가기를 기다려야만 했다. 우리가 타고 갈 유람선을 바라보면서 어서 배를 타보고 싶은 마음을 누르고 있었다.

아름다운 노을이 한차례 붉은 하늘을 만들고 난 뒤, 서서히 어둠이 내릴 때 그제서야 배에 오를 수 있었다. 천여 명에 가까운 관광객이 모두 배에 오른 뒤에도 유람선은 한동안 움직이지 않고 서 있었다. 어둠이 검은 색으로 변해가고 있을 때 유람선은 서서히 움직이기 시작했다. 왜 아무 것도 볼 수 없는 어둠 속을 가야하는가. 그 이유를 이해할 수 있는가. 그러나 이런 일조차 50년의 세월을 보낸 오늘에서야 이루어진 일이니 얼마나 기다려 온 염원이던가.

정해진 방에 들어가 선창 밖을 내다보았다. 창문으로 새어나가는 불빛을 따라 절절이 스며드는 그리움들이 하얀 포말이 되어 뱃전을 따라오고 있었다. 아무 것도 보이지 않는 칠흑 같은 어두움이 헤어짐의 아픔과 그리움으로 얼룩진 가슴을 말해주는 듯 오히려 절실하고 무거운 암흑으로 그려주고 있었다.

무심한 세월은 지금까지 어느 한 사람의 소원도 들어주지 않았으며, 영원히 풀 수 없는 그리움의 옹이를 가슴에 박은 지도 오래되었다. 이런 아픔들이 가슴에 그대로 박혀 있건만, 빼어낼 힘조차 허락되지 않는 현실이기에 아픔도 운명인양 가슴에 안고 살아야 하는 서러운 마음을, 실향민이 아닌 우리가 얼마만큼이나 느낄 수 있단 말인가. 연륜이 짙어 갈수록 쌓여가는 안타까움과 새록새록 솟아오르는 서러움을 싣고 우리는 지금 그리움의 산으로 향하고 있었다. 서울에서 두어 시간이면 갈 수 있는 그 곳을 10시간을 돌고 돌아 망망대해에서 항해를 하고 있었다.

역사의 한 자락을 엮어가고 있는 일행들은 잠자리에 누워 이야기를 나누다 잠깐 잠이 들었을까. 아침식사를 알려주는 방송에 눈을 뜨니 북녘 땅 장전항에 닿아 있었다. 창문으로 내다보니 웅장한 산세가 우리를 내려다보고 있으나 반가움보다는 낯설음이 앞선다. 멀리 보이는 건물들도 사람이 살고 있는 듯하건만 아무런 말이 없이 무뚝뚝해 보인다. 너무도 긴 세월 상처투성이의 단절이 서러워 서로가 하고 싶은 말을 잊었는가 보다.

아침식사를 마치고 배에서 싸준 도시락을 챙겨든 우리들은 모두 약속이나 한 것처럼 말이 없었다. 묵묵히 서 있는 저 산들도 이 시대의 아픔을 말없이 지켜보고 있었다. 이제 이 배에서 내리면 북녘 땅이다. 처음으로 밟아보는 우리의 땅 우리의 흙이다. 이게 얼마 만에 밟아보는 북녘 땅이란 말인가. 한 걸음 한 걸음 발밑의 흙을 바라보며 걷고 있는데 옆에 있는 동행인이 자기의 팔을 꼬집어보라며 작은 소리로 속삭인다. 나도 확인을 하고 싶어 웃음으로 살짝 꼬집으니 정녕 꿈이 아니라고 고개까지 끄덕이며 안심을 한다.

보고 싶은 고향마을, 숨소리조차 들릴 듯 그리운 고향하늘이건만 반가이 맞아주는 혈육을 만날 수 없으니 간장이 녹아 내리는 듯 설움이 복받쳐 눈시울을 연신 훔치는 분이 있었다. 19세 젊고 앳된 나이에 고향을 떠나 이제 70이 다 된 분이다. 실향의 아픔을 그저 바라볼 뿐 백 분의 일이라도 함께 흐느끼고 싶을 뿐이다.

꿈에 그리던 고향이건만 외국보다도 더 삼엄한 의례적인 절차를 밟는다. 우리가 갖고 있는 커다란 여행증에 빈칸을 채우는 도장을 찍고 우리 모두 가슴에는 각자의 얼굴이 박혀있는 손바닥만큼 커다란 여행증을 목에다 걸어야 한다. 우리는 하고픈 이야기들을 가슴깊이 누르고 일렬로 서서 관광버스를 향해 부지런히 걷는다. 그리고 정해진 번호에 따라 관광버스에 올랐다. 북녘 동포와는 대화를 삼가야 하기에 운전기사하고도 말을 할 수 없다고 한다. 사람들이 모두 탑승하고 남녘의 안내원이 무전기로 '인원점검완료' 라는 절차를 밟고 나서야 선두차가 움직이기 시작했다.

철책이 둘러져 있는 고갯길을 넘으니 바로 마을이 보인다. 오른편에는 시멘트로 포장된 넓은 길도 있다. 그러나 자동차는 보이지 않고 한두 명씩의 사람들이 넓은 길을 띄엄띄엄 걸어가고 있었다. 금강산 가는 길목에서 가장 먼저 대하는 마을이다. 동네 마을 입구에 현수막이 있었다.

'심장을 바치자! 고난의 길도 웃으며 가자!' 낯선 현수막을 보면서 금강산 입구로 들어서고 있었다. 우리는 마치 이야기 속에 나오는 전설의 주인공처럼 그렇게 가고 있었다.

4 저 푸른 초원 위에

저 푸른 초원 위에

눈을 감아도 꽃이 보인다. 숙소에 돌아와 내일 일정을 준비하느라 부산하게 움직이는 데 언뜻언뜻 어른거리는 꽃들이 있다. 지금까지 그렇게 많은 들꽃을 본 일이 없어서 그럴까. 잠자리에 누워도 꽃과 함께 있다는 착각이 들 정도로 선명하게 떠오르는 꽃들의 모습.

언덕마다 지천으로 피어있어 탄성이 절로 나온다. 호들갑스럽지 않으려고 꽃처럼 조용조용 품위를 지키려고 내 입을 손으로 막는다 해도 '와 예쁘다.' '정말 예쁘다' 라는 말이 숨쉴 때마다 나오고야 마는 아름다운 들꽃의 나라. 꽃물결이 바람결에 한들거리며 우리 일행들을 맞이한다. 그저 꽃들이 그려내는 자연 속에서 하루, 이틀, 사흘의 짧은 일정을 보낸 셈이다. 여기 아름다운 들꽃 세상에 반해서 2001년 6월에도 왔었고 다시 2004년도 7월에도 이렇게 또 오고야 말았다. 앞으로 기회가 생긴다면 두 번, 세 번, 다시금 또 오고 싶다. 이곳 몽골은 6월, 7월, 8월까지 3개월 동안의 여름을 지내기 위해 별장에서 지낸다고 한다.

꽃들의 빛깔도 다양하여 별장의 앞마당에서 뒷마당으로 가득가득 피어있는 꽃들이

내 마음까지 오색영롱한 꽃빛으로 두둥실 설레게 한다.

다홍빛, 연분홍빛, 인디안핑크빛, 그리고 연보라, 진보라, 진한 잉크빛이 햇살에 반짝이는 청남빛의 꽃. 제비꽃인양 꼬리가 사뿐히 올라가 경쾌한 남청보라빛의 꽃들이 있다. 차갑고도 시원한 바람의 노래가 있어 꽃들은 그 바람을 잎새에 감싸안는다.

낮에는 고비사막에서 빚어내는 햇살의 따가움과 저녁이면 낮기온과 20도가 달라지는 밤이 있어 꽃을 더 풍요롭게 피워내는 비밀스러움이 있다. 뜨거운 햇살의 반사작용으로 달빛은 은은한 속삭임을 보내오고 초롱초롱 빛나는 별들의 눈맞춤 속에서 꽃은 한껏 피어나고 있다. 별장마을 바로 건너편은 삼나무, 전나무, 잣나무 등 푸른 숲이 우람하면서도 잔잔한 초록빛으로 다가온다. 푸른 숲은 곰이 나오기도 한다니 상상보다 깊은 숲 속이다. 이쪽 별장 마을은 빨강, 노랑, 파랑 등 색색의 지붕들이 색깔 잔치를 벌이며 또 하나의 풍경화를 그려내고 있다.

몽골의 면적이 우리나라 남한 땅의 17배의 땅이요, 인구는 200만이 조금 넘는다 하니 정부에서 허락만 받으면 별장을 지을 수 있다고 한다. 별장마다 더 이상의 헛된 욕심 부리지 않을 만큼만 적당하게 차지하고 있는 그 예쁜 집에 우리 일행이 방문을 할 수 있다기에 언덕길을 부지런히 걸었다.

집집마다 꽃들이 피어있는데 일부러 가꾼 꽃이 아니라 자연으로 피어나는 꽃이 분명하다. 사람이 살고 있지 않은 집은 양철로 만든 덧문을 만들어 창문마다 출입구마다 막아놓는다. 그런 집들이 간간이 보이기도 한다. 그런 집은 사람이 밟지 않아 더 많은 들꽃들이 집집마다 똑같은 빛깔

의 섞임으로 무성하게 피어있다. 창문을 막는 것은 짐승의 습격을 막기 위함이다.

우리를 반겨주는 집에는 6개월된 아기가 낯선 우리 이방인을 보고는 낯가림하느라 한껏 울어대어 미안한 마음이다. 변호사 일을 한다는 젊은 애기엄마가 따끈한 우유를 따라주어 맛있게 마셨지만 현관계단에 우리들의 어지러운 발자국 따라 흙이 묻어있어 더더욱 미안했다.

1층 난간에 서서 건너편 숲을 바라보는 경치는 환상의 세계가 따로 없다. 미국에서 살고 있는 문우께서는 내 귀에다 대고 재미나게 웃으며 건네는 말인즉 왜 자꾸 그 노래가 생각나는지 정말 우습다고 한다. "저 푸른 초원 위에 그림 같은 집을 짓고, 왜 있지? 남진의 그 노래. 하하하. 그 노래가 왜 귀에서 쟁쟁대는지 그 이유를 모르겠어."하면서 웃는다.

나 역시 저 푸른 초원 위에 그림 같은 색색의 지붕을 바라보며 공감이 가는 노래를 입 속으로 흥얼거리고 있었다.

그 우물 잘 있지요?

우물물이 찰랑찰랑 넘치고 있다. 맑은 물이 이렇게 넘치다니. 물을 주어도 되는지? 허락을 받은 다음 바가지로 물을 떠서 잔디밭 마당에 물을 뿌려 주었다. 검푸른 잔디밭이 물을 머금어 파릇파릇 반짝인다. 요즘에도 이런 우물이 있을까? 바가지로 뜰 수 있는 우물을 만나다니. 뒷마당에선 참나무와 밤나무가 시원한 소리를 내며 쏴아 흔들린다. 우리는 그 마당에서 동심으로 돌아가 온종일 감동이었다.

파란 하늘을 배경으로 크고 작은 항아리들이 나란히 줄지어 그득한 장독대, 그 뒤 철조망 밖으로는 22대를 내려오는 조상의 묘소가 있으며 푸른 숲이 온통 하늘이다. 거기 종가집은 한여름에도 서늘하여 에어컨이 필요 없다고 한다. 새벽에는 추워서 방문을 닫을 정도라고 한다. 안방의 창호지 문살에 햇살이 가려지는 아늑함, 대청마루에서 훤히 내다보이는 뒷마당의 초록빛. 부엌 옆에는 그릇을 넣어두는 커다란 광이 있고, 지하수가 수돗물이 되어 편리하게 나온다. 뒷문을 열고 나가면 머위가 숲을 이룬다. 언덕마다 잔디가 촘촘히 자라고, 숨통이 시원하게 트이는 신선한 공기. 땅의 빛깔도 발그레하니 진흙 빛이다. 잔치가 벌어질 때는 친척들이 모여 음식을 장만 할 수 있는 종가의 뒷마당. 우리가 일상처럼 지내왔던 친척들의 모습들이 넓은 뒷마당에서 펼쳐질 것이다.

나는 요즈음 그 집에 있는 우물 때문에 가슴이 아프다. 오늘도 해가 지고 나니 캄캄하다. 무심코 지나다 보니 서쪽 창에 초나흘 달이 달랑 떠 있다. 초승달 바로 위에 반짝이는 별 하나, 창문 가까이 가서 한동안 바라본다. 왜 이리 안타까운가. 사라지는 것에 대한 허무한 마음이 별빛처럼 반짝인다. 내가 살고 있는 이 나라가 자연을 배려하는 나라가 되기를 바라는 마음 간절하다. 달그림자를 안고 흐르는 거기 우물가의 풍경이 떠오른다. 옛날에는 온 동네 사람들의 생명줄이었던 고마운 우물을 그대로 남겨두면 오죽이나 좋을까.

없어진다고 하는 그 우물, 그 집의 종손 며느리 되는 분이 한 달에 한 번씩 만나는 동네모임의 회원이면서, 우리집 옥탑방에서 일주일에 한번씩 만나는 '문학의 향기' 동인이다. 만나면서 반갑게 인사말을 했다. "그 우물 잘 있지요?" 웃으며 물었는데 대답이 너무나 충격적이다. 한 달 후에 없어질 운명이라고 한다.

그날 밤, 나는 안타까운 마음에 잠을 자다가 벌떡 일어나곤 했다. 이러다가 또 혈압이 터질까 염려되어 순순히 마음을 가라앉힌다.

물 부족 국가라면서 수맥을 메꾸며 없애다니. 자연을 하찮게 알고 함부로 거스르는 행동은 누가 저지르는 일인가! 그 동네에 아파트가 들어서기에 결국 사라지게 될 운명이지만. 이런 일이 발등에 떨어지고 보니, 남들이 왜 시위를 하는지 그 심정을 충분히 이해하고도 넘치는 마음이라고 한다.

혹시나 해서, 그곳 의정부 시청에 가서 문화재로 등록을 하려고 알아보았으며, 아니면 내 집이 아니어도 좋으니 아파트 산책길에, 한옥이 고스란히 남겨지기를 기대했지만, 결국은 아파트 부지로 수용을 당하고 말았다고 한다. 나이가 젊기나 하면 끝까지 버티겠지만, 이곳 저곳 다니다 보니 마음만 상하고, 어쩔 수 없이 양보는 했지만, 당장 가을이 오면 종손들이 어디에서 모여야 할지. 대대로 내려오던 집까지 사라진다며, 모든 게 흩어지는 위기에 놓였다고 한다. 더구나 평당 70만원으로 보상은 끝이 났다고 한다. 그리고는 곧바로 평당 500만원에도 살 수가 없는 땅이 되었다고 한다.

문화의 진정성을 가늠하지 못하는 우리나라의 행정, 우리의 전통과 정서는 하루아침에 싹뚝, 무식하게 싹둑, 잘라버리고 있다. 지금까지 엄연한 내 땅이기에 평생 동안 애지중지 가꾸었지만 내 것이 아니었다니! 예쁜 나무 심으며 잔디밭 가꾸던 정성과 자연사랑의 가치, 모두가 사라진다. 갑자기 튀어나온 횡포 앞에서 망연자실.

그 집이 한가운데 떡 버티고 있는 것도 아니다. 아파트 부지를 똑바로 자른다면 그 집은 그대로 남을 수도 있으련만, 산비탈 언덕배기인 그 집까지 의도적으로, 일부러 들어와서까지 수용을 당한 것이 이해가 안 간다는 것이다.

유관순 영화에 나오는 시대적인 배경, 본채가 안에 있고 대문이 딸려 있는 아래채가 있는 전통가옥이다. 거기에 갔을 때 그 집 대문에 태극기는 없었지만 태극기가 휘날리는 그런 집으로 연상이 되고 있었다. 대들보에 새겨진 글씨는 100여년이 되는데도 보존의 가치가 없는 것일까?

너무 쉽게 없앤다. 이름이 없는 언덕일 때는 하찮게 여겨 부수고, 검푸른 숲이 우거진 언덕은 평지를 만드느라 나무를 모조리 없앤다. 진달래가 아름다운 야산도 그냥 없앤다. 평지만을 고집하는 행정과 건물을 짓는 사업가들. 그리고 다시 어린 나무를 심으면 그만이다. 외국에서는 내 집 울타리 안에 나무를 잘라도, 벌금장이 날아온다고 하는데……

새봄에 거는 기대

해가 바뀐다. 새 기분으로 새로운 시작이 있어 참으로 다행이다.

어제까지의 좌절도, 다시금 다잡아 추진하면 이룰 수 있을 것 같으니 새해가 되면 다시금 새로운 희망을 갖는다.

제자리걸음을 걷는다 해도 걷고 또 걸으면 건강을 유지하는 운동이 있는 것처럼. 비가 온 다음엔 언제나 새파란 하늘을 볼 수 있듯이, 맑게 개인 하늘빛이 언제나 신선하게 다가오는 것처럼 새해와 새봄은 아름답게 받아들여야 한다.

다만 몹쓸 매연이 하늘을 흐리게 만드니 그저 공기를 오염시키는 물질이 미울 뿐이다.

어느 날 버스정류장에서 차를 기다리느라 서 있었다. 무심히 들려오는 이야기가 참으로 수상하다. 분명 교복을 입은 아이들인데 이게 웬일인가? 시작부터가 '좆나' 로 시작되더니 단어 하나하나 사이사이에 마구 들어가는 단어들이 가관이다.

'좆나 있지, 아침에 일어나는데 시발, 좆나 늦은 거 있지 조팔, 좆나 황당해서 시발'

너댓 마디 사이사이에 부사로 접속사로 함부로 쓰이고 있는 괴이한 단어.

너무나 이상해서 아이 얼굴을 보니 불량한 기색도 없이 평범하게 생긴 남학생이다. 인품과 외모가 무슨 상관이 있을까? 그저 한쪽 귀로 듣고 다시 한쪽 귀로 흘려버리면 될 일이지만, 나는 염려하는 마음이 발동하는 바람에 한마디 거들었다.

"내 귀에 들리는 말이 좆나와 시발 소리만 들려서 이상하거든, 나처럼 어른이 되어서도 시발 조팔 계속 쓰면 어떨까? 요다음에 대기업이나, 좋은 직장에 가서도 그러면 좀 이상할거 같애, 그렇지?"

될 수 있는 대로 천천히 다정하게 말을 걸었더니 의외로 죄송하다는 말을 하는 어린 학생. 착한 구석이 있으니 분명 고치면 고마운 일이겠지만, 나하고 무슨 상관이람.

어제는 우리 동네 골목길에서 20대 젊은 여자애들이 우르르 몰려서 지나간다. 귀에 거슬리는 그 단어들, 똑같은 단어를 거침없이 떠들고 지나간다. 단어 사이사이에 거침없이 쓰는 저질의 단어, 이제는 너무 많이 듣고 있으니 놀랄 일도 아니기에 입 꾹 다물고 참기로 했다.

새봄이 되면 제발 아이들 입에서 저질스런 그 단어들이 사라졌으면 좋겠다.

제자리걸음도 헬스클럽에 가면 건강을 지켜주는 이로운 운동이 되는 것처럼. 땀을 흘리는 되풀이의 연속이 우리에겐 이로운 운동이 되는 것처럼. 새봄에 다시금 기대를 걸어본다.

고쳐지거나 말거나, 무서운 것은 가까운 사람에게 해코지하는 말투가 더 나쁘긴 하지만.

반백 년이 무너진다

한 열흘만 있다가, 정말 짧을 것만 같은 열흘만 있다가 다시 만나자던 눈물의 약속이었건만 어머니의 당부어린 그 말씀을 가슴에 그대로 담아두고 열흘이 오십년이 넘는 세월이 되어 이제까지 살고 있습니다. 그날 약속했던 열흘은 끝 간 데 없는 망망한 세월이 되었습니다. 못 박힌 가슴에도 봄은 또 오건만 가슴 그늘 자락마다 달빛이 고여 들고 텅 빈 가슴에는 또 다시 횡하니 찬바람이 붑니다. 채울 수 없는 피울음의 회한이 몇 만 리 꿈이었던가요. 점점이 박혀있는 가슴마루에 숨막히는 자국들을 무엇으로 어루만져 줄 것인가요.

허물어진 돌각담 두드리는 종소리는 고향의 이야기처럼 흔들리는 울음처럼 강을 넘어가는데 해 저문 서쪽 하늘은 왜 이리도 멀기만 합니까. 때 묻은 세월들이 고목의 빛깔로 바래져가도 어머니의 고운 모습만은 가슴에 살아 있습니다.

"神이여 돌아갈 수 있는 내 뜨락을 주옵소서." 이제 얼마 남지 않은 심지마저 타버리는 그리움을 詩로 빚어 어머니께 띄웁니다. 어머니 바람꽃 덮힌 들판에서 불 꺼진 한계선이 무덤처럼 고요할 때 헝클어진 명주 실타래 풀며 어찌어찌 사셨을까.

실향민의 설움에도 진달래 피는 봄은 오건만 채우려 해도 채울 수 없는 피울음의 생이별이 하루가 백년처럼 지루하던 하늘이었습니다. 이별이 영영 뜻밖의 일이었지만 순간순간이 미친 전설처럼 반세기가 흐릅니다. 고작해야 열흘이면 족하다고 하시며 손을 잡고 달래시던 어머니의 따스한 손, 그 시절 그리운 여고 시절이 백발 속에서 자랍니다. 숙명의 뒤안길을 울고 가는 나의 유년입니다.

39세 어머니의 아름다운 그 미소는 어두운 내 가슴에 언제나 살아있어 이제는 神도 놀랠 만삭의 몸부림 속에 향수의 닻을 내리고 임진강을 건느리이다. 지척이 고향 산천이건만 새벽처럼 밝아오는 고향 하늘이건만 목놓아 불러 볼 수 있는 그 날은 언제인가요. 갈바람 울고 가는 흔들리는 바람 소리가 가슴에 못을 칠 때, 남과 북 연결짓는 남북연락 사무소에 꽃등 밝혀 놓으리이니 어두운 갈림길에서 지름길 찾고 싶네요. 대한의 아들 딸들이여 함께 울던 강물이여 불면의 나래 위에 세월을 깍는 소리, 소리, 서로는 이제 지쳐 있나요.

동강난 우리의 허리는 철사로 묶여 있습니다. 한발만 내놓지 말아요. 두발로 설 수 있게 발맞추어 걸어가면 소망의 남북통일 무궁화는 만발하여 삼천리 금수강산을 꽃동리로 만들어요. 하루가 이틀 되고 이틀이 사흘 되어 지루한 아픔들은 언제 끝이 나렵니까. 목메인 고향하늘에 반짝이는 별 하나, 물빛으로 다가오는 아득한 기억 저편 부질없는 이야기가 목숨처럼 기다려집니다. 갈바람 스산하게 고요를 부르는데 풀어헤친 가위 소리는 엿장사의 가난인가요. 세월을 줍는 나그네는 하늘 끝을 맴

돌고 北窓엔 새털구름 무심히 흘리갑니다.

정한情恨에 찌든 고독 석양빛에 어리고, 빈 가슴 노을 너머로 가는 세월 서글퍼라. 그리움 일어나는 언덕으로 가시밭은 무성하고 한평생 다스리는 서러운 목숨이여. 꽃 피고 새가 우는 내 고향 뜨락으로 언젠간 돌아가리라. 태초에 뿌리내린 끈끈한 인연속에 가지 끝 잎새마다 푸른 물이 뚝뚝 지면 다같이 뜰 위에 올라 노래라도 불러봐요. 세월은 가는 것을 무등타고 가는 것을 무엇 하나 가진 것 없는 이 어귀에서 새벽 별 하나가 내 손을 잡아주네.

파도야 울지마 울지를 말어, 천만 꿈이 부서진다. 서러운 너의 하늘 그 옛날을 부르는가 그 동곡을 베개로 삼아 나의 울음 듣고 있다. 하늘로 통한 통곡은 하늘과 하늘이 겹치어 마른 강이 흐르는데 너를 따라 나서본들 무슨 소용 있을까. 그리움 헤이는 밤을 통곡으로 달래며 흐느끼는 너의 영혼 잊지 못할 약속이여. 묻어 둔 마음의 길은 꿈속처럼 멀구나 반백년이 무너진다. 고향 잃은 아픔이여, 목놓아 울어보자 죄없는 하늘이여, 찢기고 찢긴 세월이 석양빛에 젖는구나, 밀리는 세월 속에 고향 같은 꿈이 있어 신고 온 내 꽃신이 밤비에 젖는구나, 달맞이 꽃길 속에 내일은 웃고 있다. 아직은 뜨락이 없어 비워두는 내 사랑아 오늘도 어제처럼 내일을 가고 있다. 때묻은 소매 자락에 깊어 가는 가을밤, 세월에 눈물자락 이승 끝을 적시네

고향길이 보입니다.
허기진 대지 위에 환희의 통일 열차로
원산까지 달렸으면
반백 년 긴긴 아픔 고향길이 보이누나

한바퀴 돌고 돌아 여기 서성이고 있습니다.
이제 회갑도 지나 십 년이 되고 또 지나고,.
그러나 힘겨웠습니다.
바람 부는 많은 날들
목숨처럼 간직해 온 소중한 추억들이
찢겨진 깃폭처럼 나부끼고 있구나
언젠간 돌아가리 기다리는 고향으로
그래도 발길은 아직 멀구나
무너진 세월 속에 울고 있는 패랭이꽃이여,

지금까지의 글은 시조 시인 우숙자님의 시집 속에서 발췌하여 쓴 글이다. 님은 일생동안 어머니를 그리면서 고향을 잃은 설움이 가슴에 닿아 함께 울고 싶은 마음으로 이 글을 씁니다. 님은 19세 여학생일 때 한 열흘만 있다가 돌아오라는 어머니의 간곡한 부탁에 하는 수 없이 남쪽으로 내려옵니다. 맏딸인 님은 아버지를 모시고 장남인 11세 남동생과 13세 여동생, 이렇게 네 식구가 남으로 오게 되었고, 고향에는 그 당시 39세 젊고 예쁜 어머니와 16세 여동생, 젖먹이와 3세 남동생, 이렇게 네 식구가 남게 됩니다. 여덟 식구가 네 사람씩 헤어지게 되는 일이 영영 만날 수 없는 생이별이 될 줄은 예감하지 못한 채 6 · 25 전쟁이 일어납니다. 19세의 소녀는 70세의 나이가 넘었는데도 아직도 고향 하늘은 멀기만 합니다. 또 십년이 흘러가고, 그 당시 11세 남동생은 6 · 25가 나던 그 해에 배가 아프다며 늘 배앓이를 하다가 1년도 살지 못하고 세상을 하직합니다. 열한 살의 어린 나이에 고향을 떠나온 것도 적응하기 어렵고, 어머니의 따스한 정이 그리워 배가 더욱 아팠을 것입니다. 이제는 아버지도 돌아가시고 여동생과 둘이 남아 세월의 강을 뒤돌아보고 있는 님의 마음을 조금이라도 위로해 드리고 싶어 이 글을 씁니다.

그리운 고향 길을 나서지 못하는 한 속에서 그 언저리 개성과 금강산을 함께 다녀온 것을 기념하면서 이 글을 마칩니다. 통일은 우리 세대에서 꼭 풀어야 할 숙제입니다. 반 백년이 무너지는 통일의 그날을 기다립니다.

님의 마음에 조금이라도 위로가 되기를 바랍니다. 언젠가 님의 고향길 함께 갈 수 있는 날 기다려 봅니다. 1999년 우숙자님의 시조집을 읽으며.

북소리와 미사

해가 저무는 시간에 대웅전 앞마당에 들어섰다. 어둠의 빛깔이 뿌우연 안개가 되어 서서히 내려앉고 법당 안에서는 예불 드리는 소리가 들려온다. 은은한 염불소리를 따라 많은 신도들이 부처님을 향하여 절을 올리고 있다.

천주교 신자인 내가 한가한 문외한이 되어 이렇듯 대웅전 마당에 들어서니 공연히 초대받지 못한 손님이 된 것 같아 거북한 마음이 앞선다. 그러나 오랜 역사 속에서 우리 모두는 불교신자였다고 보아도 될 것 같다. 나 또한 영세를 받기 전에는 불교신자가 되어 절에 들르게 되면 법당에 들어서서 선뜻 절을 올리곤 했다. 종교에 대해서 어떠한 거부감이 없었으므로 특별히 금을 긋듯이 확실히 하지 않았던 것이다. 이제는 영세를 받았음에도 시간이 허락되면 가끔 절에 들르곤 한다. 절에 들어서면 그리운 어머니의 모습과 정다운 할머니의 모습을 대하는 듯 마음이 편해진다.

나는 우리 친정집 마루인 듯 마당 한켠에 있는 툇마루에 앉아 본다. 바람 따라 은은히 울리는 풍경소리와 스님의 염불소리, 또한 두 손을 공손히 모아 합장하면서 절을 올리는 모습들이 전혀 낯선 풍경이 아니다. 또 마당 아래에 있는 기와지붕의 선은 무어라고 표현해야 할까 적절한 표현법이 모자랄 지경이다.

휜 듯 늘어진 듯 살짝 추켜올린 듯 도톰하게 쌓아올려 덮은 기와지붕의 선은 사각이긴 하되 살아서 움직이는 여유 만만한 곡선의 아름다움으로 우리만이 가질 수 있는 멋의 흐름이 있다. 새삼 우리 조상들의 멋스러움에 감사드리는 마음이 앞선다. 이렇듯 오랜 세월이 흐른 뒤에도 아름다움은 그대로 남아 우리의 정서를 촉촉하게 매만져 주는 듯하나.

어디선가 우리의 가락으로 무척 흥겨운 소리가 들려온다. 어깨춤이 더덩실 전해오는 듯하여 나는 무엇에 끌리듯 소리가 나는 쪽으로 발걸음을 옮긴다. 계단을 오를 때에도 가벼운 발걸음으로 단숨에 올라갔다. 대웅전 뒷편 작은 정자에서 소리가 퍼지고 있다. 문을 살짝 밀어보니 열린다. 조심스레 빼꼼히 열어보니 스님 혼자 세 가지의 소리를 따라 예불을 드리고 있다. 마치 '오늘 하루 아무 탈없이 마치었으니 모두가 부처님의 덕입니다.' 하는 듯이 들리기도 한다. 북 장단에 맞추어 경쾌하게 울리는 징소리와 그리고 염불소리가 어우러져 이제껏 들어왔던 우리가락이 오늘따라 더욱 흥겹고 정답게 들려온다.

절에서 흥겨운 북소리를 만나고 얼마 안되어 내가 다니고 있는 성당에서 드디어 국악 미사를 드리게 되었다. 성당 안이 둥두둥 울리는 듯, 차락차락 장단 맞추는 장구소리를 따라 8가지의 우리악기가 울려 퍼진다. 성당 안이 둥둥 울리는 장구소리가 흥겹고 가락 따라 물장구치듯 장마비에 낙숫물 떨어지는 소리가 열두줄 가락마다 곳곳에서 울려 나오는 가야금 소리, 심금을 파고 드는 듯 달 밝은 고요한 밤에 어울릴 듯한 대금과 피리소리, 굽어지듯 올려지듯 다재다능한 해금소리에 멋들어진 휨새하며 가끔씩 '쾅' 하고 여운이 남는 징소리, 그리고 빠른 박자의 꽹과리와 간간이 들려오는 아쟁이 박자를 맞추어 가락을 펴나간다.

성당에서 장구소리가 나다니 의아해 하면서도 반가운 마음으로 미사를 드렸다. 집으로 오면서 이웃자매를 만나 의견을 물었다. 오늘 국악미사가 어떠냐고 했더니 내 생각과는 달랐다. 우리 가락이 어렵고 낯설어 지루하다는 것이다. 이제껏 학교교육이나 가정교육에서 더구나 우리의 일상생활에서 국악을 가까이하지 않았음으로 당연한 결과라는 생각으로 위안을 삼았으나 어딘가 개운치 않은 마음이 떨떠름하게 남는다.

서양음악에 젖어 살고 있는 우리에게 더구나 성당 안에서 국악이 갑작스레 나타났으니 선뜻 받아들이지 못하는 것도 당연하다. 그러나 이 모든 것은 내 좁은 소견이라는 것을 알게 되었다. 어느 날엔가 앞자리에 있는 예닐곱 살쯤 되어 보이는 두 명의 여자아이가 흥겨운 가락을 따라 어깨를 들썩인다. 또한 국악미사를 시작한지 1년이 가깝도록 중단되지 않았다는 것은 그래도 우리의 가락인 국악미사가 살아남게 되는가 싶어 반갑기도 하다. 입다물고 서 있던 사람들이 이제는 국악미사책을 보면서 열심히 따라 부르는 사람들이 늘어가고 있다. 집에서 국악미사책을 펴보니 성가악보 표시도 우리의 표기법으로 되어있다.

중모리

자진모리

굿거리

동살 풀이

특히 굿거리 장단은 다른 가락보다 훨씬 흥겹게 들린다. 아멘, 알렐루야 하는 대목에서도 흥겨운 우리의 가락으로 부르도록 되어있다.

점점 느리게 – ㅈ ㅈ ㄴ

조금 느리게 – ㅈ ㄴ

조금 속하게 – ㅈ ㅅ

악보에 대한 표기법도 순수한 우리말로 되어 있어 기억하기에 훨씬 부드럽다.

오늘 성당에서는 장구소리가 없는 국악미사를 드렸다. 장구 담당하는 분이 급한 일이 생겨 자리를 비운 까닭이리라. 더구나 국악에서 장구소리는 주인이 되는 격이다. 장구소리가 나지 않으니 흥겨움이 줄어든다.

이제 마음을 열고 우리의 가락인 국악에 대한 애정을 받아들일 때가 되었는가 보다. 지금까지 우리의 국악을 너무나 먼 곳에 밀어두고 있었던 것이다. 연세 지긋한 어르신네가 즐기는 음악이라는 편견을 버릴 때가 온 것이다. 종교에 따른 음악에 대해서도 섣부른 편견과 담을 쌓아가듯 구별을 하기보다는 우리의 멋은 당연히 우리의 것으로 받아들임이 현명한 일이 될 것이다. 결국 세월이 흘러 우리 세대가 사라져간다 해도 우리 자손들에게 남는 것은 문화 유산이기 때문이다. 세월이 흐른 뒤에 즐겨 부르던 가락들이 유산이 되어 남겠지만 국악으로 된 가락은 더욱 옹골진 우리의 문화유산이 되어 자랑스러운 유산이 될 수도 있다. 우리의 것 앞에서는 마음을 활짝 열고 시원시원하게 받아들이고 마음이 가는 대로 따라 가되 주관을 가지고 완전한 우리의 것으로 만드는 것, 그리고 있는 그래도 지키는 일, 이런 것도 마음을 열었을 때만 가능한 것이다.

순순이

아이들은 강아지만 보면 키우고 싶어했다. 나도 강아지를 좋아하긴 했지만 아파트에서 키울 수가 없어 참고 있었다. 지나는 길에 가게 안을 보니 조그만 강아지가 있었다. 이제 막 어미를 떠나온 듯 걸음걸이가 뒤뚱거린다. 우리는 강아지를 불렀다. 우리 앞에 오더니 까만 눈을 반짝이며 쳐다본다. 너무도 귀여워 얼른 안았다. 하얀 털이 무척 부드럽다. 엄마인 내가 강아지를 안았더니 아이들은 서로 번갈아 가며 안아주고 야단이었다. 가게 주인은 우리를 보고 웃으며 강아지가 예쁘냐고 묻는다. 그러더니 그냥 가져가라는 것이다. 선뜻 가져오기가 무엇해서 우리집 전화번호를 적어주었다. 아이들에게 안겨오는 강아지는 겁을 잔뜩 먹었는지 심장이 계속 두근거린다. 집에 오니 아이들 무릎 위에 선 채로 꾸벅꾸벅 존다. 새로운 환경에 낯이 설어 앉지도 못하고 조는 것이다. 작은 바구니에 수건을 깔아주고 아기를 재우듯이 쓰다듬어 주었다.

아침에 일어나 보니 벌써 일어난 듯 여러 곳에 배설물을 늘어놓았다.

딸아이는 엄마인 내가 귀찮아하는 눈치라도 보일까봐 치우느라 야단이다.

아이들이 모두 학교에 가고 조용했다. 전화벨이 울렸다. 소리나는 곳으로 달려가더니 전화기를 보고 마구 짖어댄다. 내가 청소하느라 걸레질을 할 때도 같이 노는 것으로 아는지, 걸레를 물고 놓지를 않는다. 다른 걸레를 집어들면 또 다시 걸레를 물고는 아르릉거린다. 현관 벨소리가 나니 한걸음에 달려가며 아이들을 반긴다. 귀여워 머리를 쓰다듬으면 손가락을 아프지 않게 잘근잘근 무는 시늉을 한다. 아이들이 숙제하는데 방해가 된다며 방문 밖으로 쫓아낸다. 강아지는 두 발을 문턱에다 가지런히 얹고 귀를 방안에다 산뜩 기울이고 있다. 문만 열리면 방안으로 들어갈 준비태세다. 아이들이 걸어다닐 때도 따라다니며 바지 가랑이를 물려고 한다. 우리집에서 귀여움을 독차지하고 재롱을 부리므로 재롱이라고 이름을 지었다. 큰 아이는 아니라고 한다. 강아지가 자기 책상 밑에서 실례를 했으니 변순이가 마땅한 이름이란다.

강아지가 온 지 열흘이 넘었다. 가게에서 강아지를 도로 가져가고 싶다고 한다. 가지라고 하고는 도로 달라고 한다. 섭섭하지만 할 수 없다. 막내녀석은 "안 돼." 하더니 강아지를 안고 제방으로 간다. 보내기 전에 실컷 예뻐해야지 하면서 강아지를 얼굴에다 대고 부빈다. 부엌에서 일을 하고 있을 때 벨소리가 난다. 귀를 기울이니 "재롱아 안녕"하는 소리와 함께 문닫는 소리가 난다. 나는 깜짝 놀라 나가봤다. 엘리베이터는 벌써 내려가고 있었다. 섭섭하여 창문으로 내다보니 우리 막내와 비슷한 또래의 아이가 재롱이를 안고 간다. 재롱이는 그 아이의 얼굴을 핥으며 꼬리까지 살래살래 흔들고 간다. 저럴 수가 있나 꼬리까지 흔들며 가다니. 우리에게도 꼬리를 흔들며 좋아하더니 저럴수가. 아무래도 먼저 주인인 저 아이가 더 좋았었는가보다. 막내와 나는 섭섭하면서 마음이 상하여 창문을 닫고 들어왔다. 저녁이 되어 어두워지니 하얀 것이 자꾸 헛보이는 듯하다. 강아지 소리마저 들리는 듯 했다. 강아지를 키우고 싶었던 참에 정이 듬뿍 들었는가 보다.

아이들은 강아지가 보고 싶을 때는 그 가게에 가서 보곤 했다. 여느 날도 버릇처럼 뛰어가던 아이들이 어깨가 축 처져 힘없이 걸어온다. 강아지를 다른 집으로 보내 가게에는 없다고 했다. 그런 뒤에 며칠이 지났다. 그 가게에서 다른 강아지를 안고 우리집까지 왔다. 아이들이 힘없이 돌아서는 것을 보고 일부러 구해왔다는 것이다. 이번에 온 강아지는 누렁이였다. 털도 뻣뻣하고 얼굴 표정이 무척 쓸쓸하게 보였다. 강아지의 눈이 대개는 동그랗고 천진스럽게 생겼는데 우리집에 새로 온 누렁이는 눈이 세모꼴로 축 쳐진 것이다. 내가 무심코 손을 움직이는데 누렁이는 흠칫 놀라며 움치러든다. 먼저 있던 집에서 구박을 많이 받고 매까지 맞은 모양이다. 불쌍한 생각이 들어 쓰다듬어 주었다. 한번 쓰다듬어 주었더니 내 옆에만 붙어 다닌다. 우리는 누렁이게게 이름을 지어줬다. 얼굴이 순하게 보여 순순이라고 불렀다. 막내녀석이 친구들과 씨름이라도 하면 건드리지도 못하게 짖어댄다. 친구가 막내를 때리는 시늉을 했더니 짖으며 하지 말란다.

어느 날 먼저 있었던 하얀 강아지가 예쁘게 생겼다는 말을 했더니 아이들이 나에게 항의를 한다. 아무에게나 꼬리를 흔들며 따라 다니는 강아지는 싫다고 했다. 예쁘게 생긴 강아지보다는 의리가 있고 주인을 알아보는 순순이가 훨씬 더 좋다는 것이다. 아이들 의견을 들어보니 아이들이 기특했다. 아이들 마음이 신통하여 기르고 있었다. 애완용이 아닌 누렁이라서 털이 무척 많이 빠진다. 온 집안이 털 투성이다. 생각다 못해 주택에서 사는 이모네 집에 보내기로 했다. 이모부도 순순이 짖는 소리가 쩌렁쩌렁 울리니 좋다고 하신다. 이모네 집에 순순이를 데려다 주고 온 날 아이들은 순순이 사진을 사진틀에다 끼웠다. 침대 위에 앉아 사진 찍기를 기다리는 듯 정면으로 나온 독사진이다. 아이들은 순순이가 보고 싶을 때마다 사진을 들여다본다.

나는 아이들에게 일러주었다. 보고 싶어도 순순이를 만나볼 생각 말 것. 너희들은 환경이 그대로이나 순순이는 모든 것이 바뀌어 적응을 할 때까지 참고 있어야 한다는 것을. 아이들은 순순이가 불쌍하다며 눈물을 감춘다. 3개월쯤 지난 뒤 이제는 우리를 잊었을 것 같았다. 우리는 옷 속에 얼굴을 감추고 이모네 집안으로 들어가고 있었다. 순순이는 이상하다는 듯 코가 비뚤어질 정도로 코를 벌름거리며 냄새를 맡으려 한다. 우리는 가까이 가지 않고 얼른 집안으로 들어갔다. 낯선 사람을 보면 짖는 순순이가 우리를 알아본 것 같다. 막내는 참지 못하고 마당으로 나갔다. 우리를 보더니 꼬리를 흔들며 주저앉는다. 만져준다고 해서 보고싶은 것이 가라앉지는 않았다. 순순이는 목에 달려있는 줄을 잊고 몸부림을 친다. 집으로 올 때는 따라오고 싶어 깽깽대며 운다. 강아지가 그 날 새벽 2시쯤부터는 늑대의 울음 소리처럼 처량하게 울어버렸다고 한다. 울지 못하게 하느라 매까지 때렸다고 한다. 그 이후에는 울지 않았다고 한다. 우리를 그리워하다가 매까지 맞다니.

짐승이나 사람이나 그리움을 참는다는 것이 얼마나 아픈 일인가. 짐승들도 옛 주인이 그리우면 먼길을 강을 건너고 산을 넘으며 찾아간다. 우리 순순이는 목에 달려있는 그 줄을 풀지 못하여 그대로 참고 순응하고 있는 것이다.

어때 재미있지?

아가와 놀아주느라 아가를 앞세우고 나는 아가의 뒤를 따라다닌다.

앞서가는 아가를 보고 “잡자”라는 말을 하면 빠른 걸음으로 도망을 치면서 까르르 웃는다.

아기가 재미있어 하니 나 또한 힘들지만 참으면서 놀아주고 있는데 앞서가던 아가가 탁 돌아서더니 나를 돌아보며 하는 말이 이러하다.

“어때 재미있지?”

이제 두 돌이 막 지난 아가가 눈동자를 반짝이며 나를 돌아보고 묻는 말이다. 너무나 의외의 물음이어서 놀랐지만 나를 바라보며 방글방글 웃는 모습이 아가가 나를 위해 놀아주고 있다는 표정이다.

황당한 물음이지만 나 역시 재미있는 것이 사실이므로 “그래 재미있다”라는 대답을 하며 종종걸음으로 따라간다. 뒤따라오는 내가 있어 아가는 더욱 신이 나는지 힘든 줄 모르고 이 방에서 저 방으로 그리고 베란다까지 돌아다니며 앞서간다. 아가가 나를 위해 놀고 있는 것인지, 내가 아가를 위해 놀고 있는 것인지 구별이 안될 만큼, 아가와 나는 재미나게 놀고 있었다.

"와! 신난다"하고는 침대가 종착지인양 아가와 함께 침대 위에서 뒹굴며 숨을 돌린다. 그러고 나면 아가는 "다시 뛰자"하고는 나를 돌아보며 또 앞장을 선다. 방문 앞에 서서 나를 쳐다보며 기다리고 있으니 뒤따를 수밖에 없다. 아가 콧잔등에는 작은 구슬땀들이 송글송글 맺혀 있는데도 힘든 줄도 모르고 놀고 있다. 집안을 몇 바퀴 돌더니 이번에는 커다란 곰 인형을 안고 뛰자고 한다. 곰 인형을 안고 뒤따르고 있는 내 체면이 엉망이지만 기왕 시작한 것 실컷 놀아주리라 마음을 먹는다. 어른이 인형을 안고 뛰는 일이란 계면쩍은 일이지만 어쩔 수 없다. 순수한 동심의 세계에서는 이렇게 노는 게 당연하고 아름다운 일일 테니까.

우리네 인생살이에서는 이보다 더 계면쩍고 황당한 여러 가지 일들을 만나게 되는데 집안에서 아가랑 노는 모습이 이 정도야 어떻겠나. 소꿉놀이를 한다 해도 어쩔 수 없는 일이요 오히려 놀아주는 어른이 있다는 것이 다행한 일이며 사람이 살아가는 순서가 아니겠는가.

한번은 또 이런 일이 있었다. 딸애와 함께 하루종일 볼일을 보고 집으로 오는 길목에서 마침 아가 생각이 났다. 얼른 차에서 내려 아가를 보러 갔다.

아가랑 한동안 놀고 있을 때 아가가 나를 보며 하는 말이

"할미 머리 싫어." 어리광이 있는 억양으로 나를 보며 하는 말이다.

"응? 할미 머리가 싫다고?"

거울을 보니 내 머리는 온통 부스스하여 까치집인양 들떠 솟아 있는 게 아닌가. 그리고는 자기 머리에 꽂을 수 있는 분홍빛 커다란 꽃핀을 내 머리에 디밀며 "이거 해, 이거 해"하는 것이다. 아가는 여자아이라 그런

가 말도 잘하지만 미적 감각이 예민한 모양이다. 딸애랑 언니네 식구들이랑 배를 잡고 한바탕 웃었으며, 나는 다음날 미장원에 갈 수 밖에 없었다. 그리고는 지금까지 해왔던 부스스한 컷트머리에서 차분하고 단정한 머리 스타일로 바꾸게 되었다. 두 돌 밖에 안 된 아가 덕분에 내 머리 모양을 다소곳하고 가지런한 머리로 가다듬게 되었다. 덕분에 요즘 만나게 되는 사람들마나 나를 보고 건네는 인사말이 생겨났다. 젊어졌다는 말과 예뻐졌다고 하는, 싫지 않은 인사말이다. 그 인사를 받으며 나는 실소를 금치 못하고 있다. 과연 나는 이 나이에 젊어지고 예뻐졌을까? 그렇다면 다행이겠지만 전혀 아닐텐데... 어쨌든 아가 덕분에 내 외모에 변화가 와서 예뻐지고 젊어졌다니 얼마나 다행인가.

아가에게 나는 이모 할머니가 된다. 그래서 아가의 엄마가 되는 조카애가 나에게 놀러올 때 하는 말이 꼭 이렇게 나온다.

"이모! 이모 수준에 꼭 맞는 아가랑 오늘 놀아줄 수 있어?"하고 묻는다.

아가랑 너무 재미있게 놀아주니까 조카애가 나를 놀리며 하는 말이다.

이런 물음에 내 대답은 또 이렇게 나온다.

"어머, 그러니? 이모 수준에 꼭 맞게 수준 좀 맞춰 오렴"

그리고는 아가가 오기까지 나는 집안을 치운다. 내 일상의 일을 아예 접어두고 아가를 보라고 하면 나도 물론 손사래를 치겠지만 아가 손에 먼지가 묻을까 여기 저기 열심히 닦는다. 어느 때는 가슴까지 설레며 아가를 기다리게 된다.

세상을 살아가는 자세가 제 각각이겠지만 핏줄에게 베풀 수 있는 아기자기한 사랑에 젖어 살 수 있음도 은혜로움의 하나가 될 것이다. 이렇게 내리사랑 베풀 수 있는 것도 감사하는 마음이다.

제 아무리 잘난 멋에 산다고 해도 아가랑 재미있게 놀아주지 못하는 사람도 있다. 이런 사람들은 마음 한구석이 딱딱하게 굳어져 체면을 지키느라 그럴 것이다. 그러니 내 자신만이라도 편견을 버리고 아가랑 놀아주려고 노력을 하고 있는 중이다.

요즘 여인네들이 하는 말 중에, 손자손녀를 위해 시간을 할애하지 않을 것이라고 다짐하는 말이 있다. 이런 일도 우리 세대에서 새롭게 생겨난 풍속도일 것이다. 자투리 시간을 만들어서라도 아가와 함께 놀아주는 그런 어른이 되는 것도 이 세상을 풍요롭게 만드는 일이 될 것이다.

어린 시절에 다정한 어른과 함께 놀았다는 기억은 아가의 정서생활에 조금이라도 도움이 될 것이다. 아이들이 커서 어른에 대한 아름다운 기억을 간직하게 될 것을 생각해서라도 어른들은 아이들에게 따스한 정을 베풀어야 한다.

이렇게 아이들과 함께 놀 수 있는 것도 마음의 준비를 하는 여유가 있어야 가능한 일이 될 것이다. 나름대로 조금이라도 폭넓은 삶을 살고 싶은 나는 어쩌면 욕심쟁이일지도 모른다. 그러나 순수함 속에 젖고 싶은 내 마음을 욕심이라고 생각하지는 않는다.

나는 요즘 착각 속에서 산다. 내 주위의 사람들이 나에게 보내는 인사말처럼 젊어진 것 같다는 생각이다. 그래서 아가에게 내가 누구냐고 물어본다. 영락없이 '딴거 할미' 라고 한다. 딴거 할미는 자기네 할머니가 아니라 이모할머니를 그렇게 표현하는 것이다. 나는 내 스스로 할머니라는 말이 낯설어 이모라고 인식시켜 보려고 하면, 도리질까지 치며 "아니야, 할미야" 라고 힘을 주어 말한다.

아가의 엄마인 조카애는 아가가 혼돈스러울 거라면서 질색을 하지만 나는 끝까지 이모라고 억지를 써본다. 그래도 다행인 것은 요즘 D신문사 사진작가가 찍어준 사진이 있는데, 빨간 바바리에 단정한 머리여서일까, 아무튼 미소를 머금고 산뜻하게 나온 사진을 보여주며 "이건 누구니?"하고 물었더니 "이건 이모"하고 말한다. 두 번 세 번 연거푸 물어도 이건 이모란다. 드디어 성공이다.

나는 정말 젊어졌는가 보다. 사진이기는 해도 나를 이모라고 말해준 것이 고마워 정말 젊은 이모처럼 더욱 재미있게 놀고 있는 중이다. 아가는 또 나에게 물을 것이다. "어때. 재미있지?" 그런 물음이 올 때마다 "그래 재미있다"라는 대답을 하고 싶다. 비록 할머니가 된다 해도 기운이 닿는 한 재미있게 놀아주고 싶은 게 솔직한 내 마음이다.

영원한 자리

그 분을 처음 뵈었을 때 얼굴에는 병색이 완연했다. 얼굴이 창백하여 푸른 기가 도는 듯 약간 쌀쌀하게 보였다. 짙은 색은 아니더라도 입술에 약간 화장기가 있으면 했다. 내 나이 30대였으니 한창 젊을 때였으므로 저렇게 나이드신 분하고 나하고는 가까워지리라는 생각없이 멀리서 바라보기만 했었다.

어느 날 그 분과 이야기를 나누게 되었다. 그 분 곁에는 오랫동안 투병생활을 지켜주는 가족의 따뜻함이 있어서일까 그분의 마음이 나보다 훨씬 따뜻한 것을 느끼게 되었다. 나의 고민거리라든가 아픔을 이야기하면 정확한 판단으로 중심을 잡게 해 주고 이해심이 많아 나를 편하게 해주었다. 그 분에게서 오래 사귀어 온 친척 같은 느낌을 받게 되었다. 그분이 얼굴에 화장을 안하는 이유를 알게 되었다. 간경화증으로 몇 년째 고생을 하고 있었다. 어느 때에는 일년의 반 이상을 중환자실에서 보내는 때도 있었다고 한다. 그만큼 아픈 생활이면서도 외모와는 달리 깔끔한 분이란걸 알게 되었다. 그 분 식구들은 그분이 그렇게 걸어 다니는 것에도 고마움을 느낄 정도라고 했다. 여성으로서 화장을 하고 싶은 것은 생각만 있을 뿐 화장품 냄새가 역겨워 참는다고 했다. 내가 안쓰러운 마음으로 그분을 보았던 것이 오히려 사치스러운 생각이었다.

그분은 계절이 바뀔 때마다 옷을 새로 사야 한다고 했다. 삶이 언제 끝날지 모르므로 마무리를 하느라 입던 옷을 모두 남에게 주어버렸기 때문이란다. 죽음 앞에 다다른 것 같아 모두 주고 나니 홀가분한 생각마저 든다고 했다. 그러나 죽음을 준비하느라 자신의 물건을 미련없이 거두어 버릴 때의 심경은 어떠했을까.

오랜 투병생활을 해오신 분이라 글로 쓰고 싶은 소재가 있다고 했다. 글을 쓴다는 것이 쉬운 일이 아닌 것을 알고 있기에 건강을 해칠까 염려가 되었다. 그러나 하고 싶은 일을 하니 건강이 좋아지는 것 같다고 했다. 그 분이 쓴 글 중에는 병실에 누워 한 방울 한 방울 간격을 두고 떨어지는 주사액을 보면서 쓴 글이 있었다. 환자들은 연약한 그 줄을 통해 생명의 구원을 받게 된다는 내용이었다. 우리는 어쩌면 해와 달과 호랑이에 대한 전래동화에서처럼 호랑이에게 쫓겨 다급하고 막다른 길에서 하느님께 빌었던 이야기에 비유한 글이었다. 다행히 튼튼한 동아줄을 잡게 되면 암담한 절망 속에서도 이겨낼 수 있는 힘을 얻게 되고, 불행하게도 약한 새끼줄을 잡으면 정해진 삶이 끝날지도 모른다는 이야기였다.

나는 이 글을 읽으며 우리가 겪고 있는 저마다의 일들이 어떤 줄처럼 느껴졌다. 외로운 병실에서 생명을 구원해 줄 수 있는 그 줄을 기다리는 것과 복잡한 현실에서 외로움을 가눌 수 없을 때에 잡고 싶은 구원의 줄은 똑같은 빛깔은 되지 못해도 닮은 빛깔은 될 것 같았다.

그분하고 만나지 못할 때에는 전화로 안부를 묻기도 하고 젊은 사람의 생각을 듣고 싶을 때는 그분이 나에게 전화를 하며 서로를 알고 지냈다. 그분 아드님의 약혼식이며 결혼식에 쓸 혼수감 이야기도 함께 나눌 정도였다. 그러던 중에 그분이 다시 입원을 하게 되었다. 문병을 가서 보니 건강이 악화된 것이 눈에 띄었다. 그분이 깊은 잠에 든 것 같아 기다리고 있었다. 옆자리의 환자가 나에게 귀뜸을 해준다. 그분의 남편되시는 분이 어찌나 자상한지 부럽다고 했다. 우리가 가기 전까지 잠자는 얼굴을 내내 지켜보시다가 잠깐 자리를 비우셨다고 한다. 그 후 두 번쯤 문병을 가고 또 며칠이 지났다. 궁금하여 그분 집으로 전화를 했다. 건강한 사람이 아니었으므로 짐작은 하고 있었으나 믿고 싶지 않았다. 사귄지가 오래되지는 않았으나 그동안 좋은 만남이었던 것이 자꾸 그리워졌다. 올바른 판단으로 나를 구원해주던 줄이 또 하나 끊겨나가는 듯 허탈했다. 장례 때에 경황이 없었겠지만 연락을 안 해 준 그분 가족들이 야속했다. 고인을 잃은 슬픔이야 남보다는 가족이 더하겠지만 그분을 진실로 아낀다면 아무 연락을 안 했다는 것이 섭섭했다.

그분이 돌아가신 지 한 달 만에 그분 아드님 결혼식이 있었다. 장례 때에도 못 갔었고, 그분이 살아 계시다면 당연히 가야할 아드님 결혼식에 다른 사람들과 연락을 하여 같이 갔다. 그분이 살아 계시다면 당연히 앉아야 할 신랑 어머님 자리에 친척 되시는 분이 대신 앉아 있었다. 그분이 켜야 할 촛불도 다른 분이 자리를 채워주셨다. 정해놓은 결혼식 날짜였기에 결혼식을 올리는 그분 아들과 새 식구인 신부는 그들대로 기쁨을 감추지 못해 행복해 보였다. 우리는 그분이 안 계신 결혼식에서 쓸쓸함을 달래야 했다. 그분의 모습이며 목소리가 자꾸 들리는 듯 어른거렸다.

결혼식에서 그분 남편과 아직 결혼을 안 한 막내아드님의 표정은 쓸쓸하게 보였다. 그분이 있었다면 그분의 남편도 그 아드님도 쓸쓸해 보이지 않았을 것이고 우리도 이런 쓸쓸함을 맛보지 않았을 것이다. 결혼식에서 그냥 집으로 올 수가 없어 우리는 찻집을 갔다. 차를 마시며 인생의 허무함을 얘기할 수도 없어 그냥 말없이 앉아 있다가 집으로 왔다.

세월이 흘러 일 년이 거의 되고 있다. 이제 며칠 안 있으면 그분이 가신 지 일주기가 되는 날이다. 묘소에 꽃이라도 보내드리려고 그분 딸에게 전화를 했다. 산소에는 안 가고 집에서 간단히 미사를 드린다고 했다.

그분의 남편은 벌써 새사람과 재혼을 하여 아파트로 이사했다고 한다. 아니 그럴 수가 있냐고 다시 물었다. 딸은 오히려 자기가 더 재혼을 하시라고 권했다는 말과 함께 새로 살림을 차려 이사 간 집 주소와 전화번호를 알려주었다. 일주기에 가고 싶어 일 년을 기다렸던 나는 가지 말아야 한다는 쪽으로 마음을 몰아세웠다. 가지 말아야겠다고 마음을 정하고 나니 자꾸 마음이 불편해졌다. 산 사람 편에 서서 보면 있을 수 있는 일이 죽은 사람 편에 서보니 서운함을 감출 수가 없었다. 두 아들과 딸의 어머니인 그 분의 자리는 분명히 있었을 텐데 그분의 자리를 찾을 수가 없었다.

이승과 저승의 갈림길에서 우리는 모든 것을 잃어야 한다. 살아있을 때에 무엇을 위해 그토록 열심히 일하고 자기를 잊어가며 희생을 하는 것일까. 우리는 어떤 자리를 위해 인생을 살고 있는 것인가. 진정한 자리는 과연 어디에 있는 것일까.

나는 그분 딸에게 전화를 했다. 다행히 내일이면 산소엘 간다는 것이다. 밤늦은 시간이었지만 나는 꽃시장에 갔다. 향기가 은은한 꽃바구니를 샀다. 검정색 리본보다는 연한 분홍빛 리본에다 1주기 추도라는 글을 쓰고 예쁘게 맸다. 그리고 새로 이사를 했다는 그분 댁에 전화를 했다. 결혼을 한 아드님과 막내 아드님 두 분이 모두 나왔다. 그분 아드님에게 꽃바구니를 전해주기까지는 섭섭한 생각으로 가득했으나 꽃바구니를 전해주면서 그 분의 자리를 보게 되었다. 그분의 자리는 두 분 아드님 눈빛 속에 영원히 자리잡고 있다는 것을 알게 되었다. 눈에 보이지 않는다 하여 안타까워하던 내 마음이 얼마나 얕은 생각이었던가 뉘우치게 되었다. 가슴마다에 자리잡은 그 자리는 더욱 더 영원한 자리라는 것을 되뇌이면서 집으로 오는 마음은 뿌연 안개가 조금은 걷히고 있었지만 그래도 내내 서운했다.

장묘 문화 바뀌어야 한다

사람들 중에는 온 집안 식구들의 정성어린 찬사를 받으며 기대감 속에서 태어난 삶도 있고, 시들부들 눈길조차 없이 태어나는 고독한 삶도 있지만, 결국은 죽음이라는 공평한 길을 가게 되는 것이 바로 인생길이다. 죽음이란 어떤 예행연습도 없이 문득 맞이하는 것이기에 한 번 가면 다시는 돌이킬 수 없는 것이다. 그러기에 우리는 죽음이라는 것에 두려움을 갖고 조금이라도 멀리 미뤄두고 싶은 마음이다.

새벽 5시 30분부터 시작하여 60구의 시신을 화장하고 있는 벽제 화장장火葬場에 견학을 간다는 말에, 나 또한 선뜻 내키지 않는 기분이었다. 그러나 년간 여의도의 1. 2배나 되는 땅이 묘소로 변화하는 심각한 현실에 더 이상 주저할 수는 없기에 기꺼이 견학을 하기로 했다. 여러 가지 형태의 납골당을 보면서 우리의 의식문화도 바뀌어야 함을 알고는 있었지만, 다시 한 번 인식하게 되었다.

우리 정서에 어울리게 만들어 놓은 한국형 가족 납골묘는 우리의 보편적인 묘소에 12구의 납골을 모실 수 있으며, 부부를 함께 모신다면 24구의 납골을 모실 수가 있다. 또한 천마총을 본떠서 만든 납골당도 있고, 벽면식 선진국형 납골묘가 얼마나 합리적인가를 알게 되었다. 아직도 우리는 화장 장묘에 대해 편견을 갖고 있다. 우리가 갖고 있는 의식을 바꾸어야 하는 시급한 상황이기에 98년도 장묘문화 개혁위원회가 구성되어 111명을 발기인으로 시대변화에 편승하게 되었다. 우리의 묘는 80평을 웃도는 호화분묘를 비롯하여 지금까지의 묘소 평수를 줄이려는 개정안도 내놓고 있으나, 이것도 봇물을 주먹으로 막는 것일 뿐, 또 다른 법을 만들어야 한다. 이기주의와 과시욕, 그리고 명당을 차지해야 성공한다는 관습들이 뿌리박혀 있기에 더욱 어려운 일이 되고 있으며, 아직은 어떤 법도 시정되지 못하고 있다.

목숨이 끊어지면 엄격한 장례절차를 밟으며, 칠성판 7장에 시신을 맡기는 묘소문화, 그리고 하얀 횟가루를 섞은 흙으로 시신을 덮고 그 중심부에 막대를 꽂아가며 구성진 가락으로 묘소 땅을 다지고 묘를 만들어 간다. 애간장 녹아드는 슬픔 속에서도 돈 봉투를 계속 얹어가며 거듭 허리를 조아리고 당부를 한다. 그리고 그 묘소 앞에서 3년간의 칩거 생활로 초막을 짓고 곡을 하며 지내는 효자도 있었음이다.

그러나 그렇게 정성으로 치루어진 장례라 해도 몇십 년이 흐른 뒤에, 차마 아들 며느리 꿈에서는 선몽할 수 없었기에 아들의 친구 꿈에 나타나 머리가 무겁다고 호소하는 꿈을 몇 차례 반복하여 꾸게 되니, 결국 그 산소를 파서 시신을 확인하기로 했다고 한다. 시신은 물에 퉁퉁 불어 흥건히 젖어 있었고, 검은 빛의 머리카락은 발가락 끝을 넘도록 치렁치렁 자라고 있었다고 한다.. 어떤 묘는 머리카락이 관 뚜껑 사이로 나올 정도로 자란 것도 있었다고 한다. 손톱 발톱도 끔찍하도록 길게 자라 있으니,

그 집안이 평안할 수는 없었다는 것이다. 결국 화장을 하게 되었다고 한다. 이런 예는 옛 얘기로 들어왔고, 몇 해 전에도 있었던 일이다.

또한 홍수에 떠내려가는 묘소의 숫자도 어마어마하다. 공동묘지에는 나무가 없다. 나무뿌리가 생길까 두려워, 나무란 나무는 모조리 베어버리니 문제는 더욱 심각하다. 99년 홍수에 산사태가 나서 시신들이 흙탕물에 휩쓸리게 되었다. 4,000구의 묘가 쓸려내려 갔으니 집 담장에도 시신이 걸려 있고, 하천변 여기저기에 걸려 있는 시신들의 조각들. 어떤 시신은 수의감을 그대로 둘둘 말은 채 있었는데, 동네에 있던 개들은 그 시신들을 물어뜯으며 놓지를 않았다고 한다.

어느 누구의 조상이라고 구별하기도 힘들 정도로 뒤엉켜있는 흙더미였다니. 시신의 조각마다 유전자 감식도 어렵고, 뒤엉켜있는 그 조각 조각들을 어떻게 일일이 찾을 수 있을까.

우리가 의식을 바꾸기 전에는 도저히 변화될 수 없는 문화가 있었으니, 그 중 하나가 바로 장묘문화일 것이다. 가까운 이웃들만 해도 100%의 화장을 실시하는 중국이 있고, 97%의 화장을 하도록 법적인 절차로 장려하고 있는 일본이 있다. 우리는 아직도 19%만이 화장을 하고 있을 뿐이다. 더구나 지금까지의 묘소에는 연고자가 없는 묘가 40%에 이른다고 하니 그 조상은 어느 후손이 모른 척 하고 있는지

어떤 법적인 배려가 있어야 한다.

산이 있어 아름다운 우리의 환경은 우리가 아끼며 보호하고 가꾸는 길만이 환경을 살리는 일이다. 나무가 우거진 푸른 산을 꼭 지켜야만 한다.

비행기를 타고 내려다보면 올록볼록 올라온 것이 부스럼 자국처럼 보이기에 외면하고 싶을 정도로 보이는 묘소와 묘소들, 그리고 호화분묘들. 죽어서 이름을 남겨야 하는 사람들이 이름보다는 묘자리에 남으려고

한다. 이대로 가다가는 살아있는 사람보다 더 많아질 수 있다는 묘소를 이제는 계산해 보아야 한다. 금수강산이 모두 묘소로 변하기 전에 시급한 방안이 있어야만 한다.

학여울

여름이 올 무렵, 신기한 새 소리가 들려온다. 이곳은 강남에서도 혼잡하기로 소문난 학여울 사거리에 있고, 더구나 아파트로 그득한 곳이기 때문이다. 그런데 소쩍새 소리가 들려오기 시작했다. 처음엔 너무도 신기해서 반가웠다. 소쩍새 소리는 명랑하고 낭랑한 소리로 신선한 충격이었다. 하루해가 서서히 어둠으로 바뀔 때 그 무렵부터 시작해서 새벽 먼동이 트기 전까지 계속해서 울고 있었다. 그러던 어느 날 새벽에 잠이 깼다. 아파트 사이가 골짜기가 되어 메아리치는 듯 너무도 큰 소리로 들려오니 마음이 설레기 시작했다. 피를 토하며 운다는 것이 적절한 표현이다. 어쩌면 사랑하는 짝이 죽어서 짝을 그리느라 밤새도록 울어대는 것일까. 너무도 애타는 소리에 참을 수가 없어 새벽이지만 밖으로 내려갔다. 경비아저씨들도 새소리에 대해 이야기하고 있었다.

새는 솥 적다, 솥도 크다, 두 가지의 울음소리로 번갈아 울어대고 있으니 풍년인지 흉년인지 알 수가 없었다. 밖에서 들으니 더욱 낭랑한 소리가 쩌렁쩌렁 울리고 있었다. 저토록 구슬피 울어대는 새는 누구의 마음을 표현하느라 그런가. 아니면 자기대로의 서러움이 있어 구슬피 울어대는가. 뻐꾸기는 낮에만 우니까 가슴을 저미는 아픔으로 들리지는 않는데, 소쩍새는 밤에만 울고 있으니 그리움과 아픔의 새가 분명한 것이다.

이곳이 강남구 대치동 아파트 단지인데도 자연의 소리가 있다. 아침에는 꿩의 소리도 들린다. 양재천의 정화사업으로 해서 자연이 우리에게 다가와 있는 것이다. 봄이면 파릇파릇 보리가 자라나고 보리가 익을 때쯤이면 그 언저리만 가도 구수하고 싱그러운 보리이삭 냄새가 바람결에 실려 온다. 보리가 누렇게 익을 때쯤 보리를 베어내고 나면 바로 메밀을 심는다. 그러면 여름내 자란 메밀이 가을추석 때쯤 하얀 꽃이 달밤을 밝히고 있다. 그곳 벤치에 앉으면 한가로운 시골 분위기가 있어 동네사람들이 즐겨 찾는 곳이다.

한 때는 너구리도 있었다. 다섯 마리의 너구리는 한 가족으로 함께 다니고 있다. 두 마리는 크고 세 마리는 작았다. 사람들은 날고기를 갖다 주기도 하고 생선을 주기도 했으며 누군가가 물그릇에 물을 담아 놓기도 했다. 너구리는 새우깡 부스러기를 찾는지 과자봉지를 뒤적이기도 하고 맥주깡통을 앞발로 굴리며 핥기도 한다. 어느 날 밤 11시가 넘은 시간에 산책을 하고 오다가 너구리를 만났다. 나는 손짓을 하면서 이리와, 이리와, 하고 불러보니 내 앞에 와서 앉는다. 먹을 것을 주는 줄 알았는지 한동안 나를 바라보더니 이내 실망을 하고는 어슬렁어슬렁 돌아서 간다. 아무 것도 주지 못하고 웃기만 했으니 너구리가 나를 보고 어떤 생각을 했을까.

너구리는 야생동물이기에 가까이 할 수는 없으나 사람은 해치지 않아 많이 친해져 있었다. 사람들이 앉아있는 벤치 옆에 어슬렁거리며 돌아다니기도 하고 대학생 아이들이 맥주를 마시고 있으면 그 앞에 앉아서 쳐다보기도 한다. 그러나 매스컴을 타면서 알려지게 되면서, 너구리는 수난을 받게 된다. 그곳에서 산책하던 노인들의 이야기가 전해져 왔다. 구청 직원을 빙자하여 예방주사 맞히러 간다면서 자루에 담아갔다고 한다. 또 어떤 날은 병이 들었다고 하면서 또 한 마리를 담아갔다고 한다. 이제 너구리 다섯 마리는 모두 사라지고 말았다. 혼자만의 이익을 채우기 위해 잡아다가 팔아버렸으리라. 인간의 비열함이다.

이곳이 아파트만 모여있는 학여울역 주변이지만 자연의 싱그러움이 조금씩 되살아나는 곳이다. 철 따라 새들이 날아와 개울가에서 노닐고 있고, 강남구청에서는 물 정화사업을 계속하고 있으므로 이제는 흐르는 물도 밑바닥이 보일 만큼 맑아졌다. 물가에는 징검다리도 있고 아이들이 물장구치며 놀 수 있는 개울도 있다. 낚시가 금지되어 있으나 그것을 어기고 낚시를 하는 몰염치한 위인들도 있다. 이곳을 지키기 위해 동네 주민들은 남다른 고초를 겪어야만 했다.

학여울역 위에 만 이천 평의 공터가 있다. 여기에 농수축산물 시장을 세우겠다는 예산이 나왔다. 동네주민들은 반대를 했다. 물론 시장서는 것을 무조건 반대하자는 것은 아니었다. 여기에서 가락시장을 가려면 5분 정도의 거리였기에 굳이 시장을 세울 필요가 없었기 때문이다. 누가 이기주의인지 모를 정도로 서로가 팽팽하게 맞서고 있을 때 다행히 주민들의 뜻이 전해져 농수축산물 시장 대신 서울무역 전시장이 들어왔다. 학여울 주변을 아름답게 지키기 위해 얼마나 고초를 겪었는가, 지금 생각해도 무시무시한 일로 기억된다. 포크레인 앞에 노인들이 눕기도 하고, 주민전체가 한밤중에도 나가서 반대를 했던 것이다. 비가 내리는 밤에는 비를 맞으며 11월의 추운 밤을 꼬박 새우는 시위가 연일 계속되기도 했다.

학여울 빈터에 도서관이 들어서기를 바랬지만 이런 소원은 뜬구름과 같은 부질없는 소망이다. 왜냐하면 소시민의 생각이 전해질 리가 없기 때문이다. 이 동네에는 청소년이 많은데도 청소년을 위한 시설은 하나도 없다. 이제 서울무역전시장 임대기간이 5년이면 끝나갈 텐데 그 이후에는 또 어떤 사태가 벌어질지 참으로 궁금하다. 환경, 환경 외치면서도 이권을 따질 때에는 안하무인이 되니, 간담이 서늘하다.

학여울 빈터는 바로 밑에 지하철이 지나는 곳이니 큰 건물 짓기는 어려우리라. 난 그곳에 청소년들을 위한 유익한 정서적인 공간이 들어서기를 바란다. 아이들에게 학원이나 다니고 학교만 다닌다 해서 교육이 되는 것인가. 나라살림이 어렵다 해서 돈을 버는 일에만 치중한다면 정서적인 배려는 언제쯤이나 이루어지려는지. 이곳에 살고 있는 인구의 절반 이상이 청소년이다. 그런데도 청소년을 위한 배려가 전혀 없다.

환경을 돌보기 위해서도 이곳에 도서관이 들어서야 하고, 책을 가까이 하는 청소년들이 마음을 펼 수 있다면 얼마나 좋을까. 푸른 나무그늘이 있는 공간에서 여유를 가질 때 아이들은 어른에게 감사하는 마음이 생길 것이다. 학여울은 맑은 물이 흐르고 청소년은 그곳에서 이상을 꿈꾼다. 함께 노력하면 미래는 밝아질 것이다.

향기로운 부부

세미나에서 아름다운 부부를 보게 되었다. 아내와 남편의 나이는 회갑을 전후한 노부부라고 할까. 젊고 앳띤 부부는 아니다. 그런데도 바라보고 있으면 마치 금실 좋은 신혼부부를 보는 것보다 더 아름다운 느낌을 받게 된다. 어떻게 살아가면 저렇게 평화롭게 보일 수가 있을까 감탄을 하며 바라보았더니, 옆에 있던 선배문인께서 설명을 해준다. 선배문인도 저 아름다운 부부를 보면서 나와 같이 좋은 느낌을 받았다고 한다.

많은 사람들이 모이는 장소이긴 해도 남편이 아내를 배려하는 마음이 남다르다고 한다. 물론 그들의 외모부터가 자상하면서도 고운 모습을 지닌 부부이지만 외모와 함께 내면에 흐르는 마음의 정이 곱고 자상하다는 것이다. 남편 되는 분이 아내에게 와서 반찬은 입에 맞느냐고 물으며 아내의 식사하는 모습을 한동안 바라보고 가더라는 것이다. 또 다른 때는 "당신 식사하는데 불편할까봐 이 김을 사왔지. 이거하고 밥 많이 먹어야 해." 마치 어린애에게 하듯이 자상한 미소를 가득 담은 얼굴로 김을 전해주고 가기에, 그 옆에 있던 다른 여인들이 모두 부러운 눈으로 그 부부를 바라보았다는 것이다. 작은 일이긴 하지만, 우리 나라 남자들에게 바랄 수 있는 일이 아니기 때문에 놀라움을 느꼈다고 한다. 우리 나라 남자들, 더구나 그 나이 또래에서는 있을 수 없는 일이며, 남편이 아내에게 그런 친절을 베풀다가는 공처가라고 비아냥거릴 것이며, 또 바라보는 우리들도 저렇게 곰살맞을 수가 있을까 공연한 심술이 발동할 수도 있으나, 저들 부부의 일은 왜 이렇게도 아름답게 보이는 것일까.

꿈과 이상이 전혀 다른 집안에서 20여 년을 살아온 사람들이 함께 살아가는 부부라는 인연, 많은 사람도 아닌 단 두 사람이 만나 함께 사는 것이 결코 쉽지만은 않다. 한 사람이 독선을 갖고 살면 다른 한 사람은 따스하지 못한 서늘한 생각의 그늘 속에서 늘 곤혹스럽고 불편한 마음으로 살아갈 수도 있으며, 양보만을 강요당하고 인내심을 가져야 한다고 밀어붙이는 일도 있다. 근검절약마저도 부부가 함께 해야 뜻을 이룰 수 있는 것이다. 한편이 검소하게 살고 싶어도 다른 한 사람이 낭비벽을 갖고 산다면, 이런 부부는 동상이몽의 부부일 뿐이다. 더구나 양가 친척을 비롯하여 부모들간의 관계도 별탈 없이 부드러운 상황이 유지될 수 있을 때는 그런 대로 덤덤히 살아갈 수도 있으나, 그게 그렇게 쉬운 일이 아니다. 그러기에 인생살이 중에 남남이 만나 부부로 살아가는 결혼을 인륜지대사의 첫째로 꼽는가보다. 어느 한편에서만 잘한다고 해서 행복이 이루어지는 것은 아니다. 두 사람이 한 마음으로 뜻을 모을 때, 서로를 배려하느라 조금씩 자기의 주장을 숙이며 같은 높이의 수준으로 맞출 때 거기에서 아름다운 사랑의 꽃은 피어나는 것이다.

사랑의 꽃은 향기로운 향기를 담고 있으며 무심코 바라보는 다른 사람에게까지 기쁨을 주는 꽃이다. 아름다운 정을 주고받는 것은 서로가 서로에게 아름다운 일임에 틀림이 없다. 그러나 부부에게는 막연히 지켜야 할 예의가 있다. 주위에서 만나게 되는 뭇사람에게 정도에 지나치는 곰살맞은 정을 마구 베풀게 된다면 그것은 결코 아름다운 사랑이라고 할 수는 없다. 아무리 친절한 배려라고 해도 하고싶은대로 나누거나, 절제하지 못하고 덥석덥석 사랑의 정을 나누는 상대는 부부간에 이미 결별의 의미를 내포한 것이다. 남남이 되고 싶어 세포 분열하듯 마음이 조각조각 떨어져 나가게 되는 것이다. 두 사람이 서로의 사랑을 나누며 믿음을 가질 수 있을 때는 바라만 보아도 행복한 꽃이 만개를 하듯 향기롭게 피어난다. 서로에게 피해를 주지 않는 마음 씀씀이가 쉬운 듯 하면서도 그리 쉬운 일이 아니기 때문이다.

이런저런 생각을 하며 그 부부를 다시 바라본다. 아름다운 부부는 아내의 몸짓이나 얼굴표정이 어찌 그리도 곱기만 할까, 자리에 앉을 때도 덜컥 아무데나 앉는 것이 아니라 조용히 사뿐히 앉는다. 언제 오고가는지 조용조용하면서도 나긋나긋하다. 또한 음식솜씨까지 일품이라고 한다. 갖가지 반찬에서 배어 나오는 맛깔스러움이 대단하다고 한다. 게다가 일류 가수가 될 정도로 아름다운 목소리는 몇 곡의 노래를 들어도 부드럽고 싫증이 나지 않는 목소리이다. 노래가 끝날 때마다 여기저기서 한마디씩 나오는 소리가 있다. 지금까지 가수가 안된 것은 남편의 욕심 때문이니 너무 공평치 않다는 표현들을 건네어도 남편은 웃음으로만 대답할 뿐 변명을 하지 않는다. 아내 되는 사람이 말하기를 나이가 20세가 되기 전부터 레코드 사에서 취입을 하자고 했지만 그 시절 식구들의 반대로 해서 감히 가수가 될 생각은 못했다고 한다. 이제 생각해 보니 가수가 되지는 않았지만 지금도 그리 불행한 것은 아니라고 한다. 어떤 원망이 있을 수도 있겠으나, 그런 분위기는 조금도 없다. 바라보고 있는 사람들이 오히려 아쉬움을 갖고 있다.

그 남편 또한 자상함이 대단하다. 책을 보내주실 것이라고 하면서 내 주소를 적는데, 그 종이를 보니 광고지를 가지런히 잘라서 만든 메모지이다. 이들은 사후세계에서도 곱게 사실 것만 같다. 보통사람들과는 다른 면이 바로 이런 점이다.

내가 이들 부부를 오래도록 보아온 것은 아니지만, 이야기 몇 소절만 듣고도 아름다운 부부임에 틀림이 없다는 결론을 갖고 싶다. 왜냐하면 한가지를 보면 열 일을 알 수 있다는 속담까지 있으니 내 추측이 맞을 것이다. 며칠 뒤 그들 부부의 소식을 들었다. 그 댁에 열 명의 문인들이 놀러갔다고 한다. 음식솜씨며, 아기자기한 집안 분위기, 그리고 하룻밤을 지내면서 강화도 구경을 다녔다고 한다. 난 그들 부부의 아름다움을 보고 싶었지만 말로만 전해들었다. 나도 기회가 닿으면 꼭 한번 놀러가 보고 싶은 아름다운 부부가 사는 집이다. 聞一知十이란 말이 꼭 맞기를 바라는 마음이다.

난 오랜만에 아름다운 두 사람을 보게 되었으니 이것 또한 사람 사는 재미 중의 하나가 아닌가. 내가 이루지 못하는 것을 남을 바라보면서 행복하기를 빌어주는 것도 좋은 일임에 틀림이 없는 것이다.

계간문예수필선 108

고마운 역마살

초판 인쇄 | 2018년 1월 1일
초판 발행 | 2018년 1월 5일

지 은 이 | 김희선
회 장 | 서정환
발 행 인 | 정종명
편집주간 | 차윤옥

펴낸곳 | 도서출판 계간문예
편집부 | 03132 서울 종로구 삼일대로 30길 21 종로오피스텔 808호
주소 | 03132 서울 종로구 삼일대로 32길 36 운현신화타워 305호
전화 | 02-3675-5633, 070-8806-4052
팩스 | 02-766-4052
이메일 | munin5633@naver.com
등록 | 2005년 3월 9일 제300-2005-34호
ISBN 978-89-6554-171-4 04810
ISBN 978-89-6554-133-2 (세트)

값 15,000원

이 도서의 국립중앙도서관 출판예정도서목록(CIP)은 서지정보유통지원시스템 홈페이지(http://seoji.nl.go.kr)와 국가자료공동목록시스템(http://www.nl.go.kr/kolisnet)에서 이용하실 수 있습니다. (CIP제어번호: CIP2018000082)